TOSTÃO FURADO
DO ZERO À LIBERDADE FINANCEIRA

MARI FERREIRA
ESPECIALISTA EM EDUCAÇÃO FINANCEIRA

TOSTÃO FURADO
DO ZERO À LIBERDADE FINANCEIRA

Uma jornada de autoconhecimento
rumo à organização das finanças

LATITUDE°

© 2021 Mariana Ferreira
© 2021 VR Editora S.A.

Latitude é o selo de aperfeiçoamento pessoal da VR Editora

DIREÇÃO EDITORIAL Marco Garcia
CONCEPÇÃO DE PROJETO E EDIÇÃO Marcia Alves
PREPARAÇÃO Juliana Bormio de Sousa
REVISÃO Luciane H. Gomide e Laila Guilherme
PROJETO GRÁFICO DE MIOLO E CAPA Pamella Destefi
FOTO DE CAPA Cris Santoro
ILUSTRAÇÕES DE MIOLO macrovector, macrovector_official, rawpixel.com,
   upklyak / www.freepik.com; Iyi Kon, papicky, smartspacer, werayuth
   tessrimuang, zhengdacool / www.vecteezy.com

Dados Internacionais de Catalogação na Publicação (CIP)
(Câmara Brasileira do Livro, SP, Brasil)

Ferreira, Mariana
Tostão furado: do zero à liberdade financeira: uma jornada de
autoconhecimento rumo à organização das finanças / Mariana
Ferreira. — 1. ed. — Cotia, SP: Latitude, 2021.

ISBN 978-65-89275-13-8

1. Autoconhecimento 2. Dinheiro — Administração 3. Educação
financeira 4. Finanças — Planejamento 5. Finanças pessoais
I. Título.

21-74659   CDD-332.6

Índices para catálogo sistemático:
1. Educação financeira : Economia 332.6
Cibele Maria Dias — Bibliotecária — CRB-8/9427

Todos os direitos desta edição reservados à
VR EDITORA S.A.
Via das Magnólias, 327 – Sala 01 | Jardim Colibri
CEP 06713-270 | Cotia | SP
Tel.| Fax: (+55 11) 4702-9148
vreditoras.com.br | editoras@vreditoras.com.br

Este livro é especialmente dedicado à memória de minha mãe, Roseli Ferreira da Silva, minha maior fã, a quem eu agradeço o amor incondicional, o apoio absoluto e a oportunidade de convivência por 32 lindos anos.

felicidade
investimento
segurança
paz
família
amor
tranquilidade
vida
aposentadoria
banco
planejamento
organização
viagem
método
dinheiro
futuro
bolsa
seguro
amizade
moeda

PREFÁCIO

A Mariana sentiu na pele. Ela conhece por experiência — não por ouvir falar. Isso muda as coisas. Viver situações que envolvem dinheiro, e todos os aspectos psicológicos que o acompanham, muda nossa perspectiva e adiciona um componente de realidade que seria difícil de obter de outra forma.

O livro conta essa história: desde o início, desde a origem familiar, como a vida financeira desta família foi se constituindo e, a partir de uma certa idade, como a autora foi observando essas situações, aprendendo, por tentativa e erro e buscando mais informações, lutando com muita garra para avançar em seus estudos, vida profissional e outros aprendizados, a fim de poder viver numa condição melhor, em todos os sentidos. E, sempre, ajudando a família a seguir nessa direção, também! Esse é um aspecto muito bonito de ver.

Nós, leitores, acompanhamos o processo que, às vezes, lembra uma montanha-russa, não apenas na vida financeira da família, no lado concreto e prático da coisa, mas também nas emoções que a acompanham. Chega a dar frio na barriga, em alguns momentos!

Será que vai dar certo? Não é risco demais nesse momento? Como ela vai sair dessa?

Mas, à medida que avançamos, torna-se cada vez mais gratificante ver o crescimento da autora, passo a passo, enquanto ela descreve as ferramentas que a ajudaram ao longo desse caminho, que nunca foi exatamente fácil...

Houve momentos, de fato, críticos, com muitas ponderações angustiantes e decisões difíceis — quase dilemas! —, que poderiam ter desanimado muita gente. Mas Mari nos conta como foi dando pequenos passos, como foi costurando suas estratégias e vencendo inúmeros obstáculos, até ser capaz de desenhar seu próprio planejamento financeiro, depois de conseguir um trabalho que começou a lhe abrir portas.

O livro não fala de soluções mágicas. Ainda bem! O que ele faz é entregar dicas práticas, que podem se mostrar extremamente úteis e inspirar muita gente, em especial jovens que estão, neste momento, na batalha diária por uma vida mais satisfatória. Outros, em qualquer idade, poderão rememorar as próprias lutas, e perceber como ainda podem fazer diferença em sua vida financeira. Aliás, é sempre tempo para isso! E é cada vez mais importante lembrar que estamos nos tornando mais longevos, por isso vale a pena, em todos os momentos, ficar atento ao modo como gerimos nosso dinheiro e nos preparamos para o período do envelhecimento.

Eu sempre digo que não há tamanho único nas questões da educação financeira (nem em qualquer outro setor da nossa vida, é ou não é?). E, também, que aprendemos de diferentes maneiras. Logo, educar-se financeiramente não é uma coisa que acontece de forma fácil e automática. Ao contrário, os desafios são grandes ao longo dessa jornada. Daí a alegria de ver este livro da Mari chegando para contribuir, de forma direta e envolvente, com exemplos reais, para esta quase "missão" que vem reunindo mais e mais pessoas em torno desse tema no Brasil e no mundo.

A agenda de educação financeira vem crescendo, de forma indiscutível, nas últimas décadas — não há dúvida de que todos precisamos desses conhecimentos e nos beneficiamos se pudermos alcançar uma maior capacitação nessa área. Por outro lado, ela não é a panaceia universal, que vai resolver todos os problemas do mundo, em especial se for pensada de forma isolada.

A esse respeito, minha proposta é o chamado **Quinteto Fantástico**, bem conhecido da Mari, que foi minha aluna. Ele reúne cinco elementos, na busca por maior eficácia em iniciativas de educação financeira e políticas públicas, em geral. São eles: **os estudos de psicologia econômica** e demais ciências comportamentais, informando **programas e ações de educação financeira,** ou **outras intervenções de políticas públicas** que, por sua vez, devem atuar em conjunto com **a proteção do consumidor e a regulação**, por parte dos órgãos públicos. O quinto elemento merece um olhar especial: é a chamada **arquitetura de escolha**, que propõe um cuidadoso desenho comportamental dos contextos, a fim de reduzir obstáculos e oferecer vias mais fáceis para a implementação de objetivos que, neste caso, visem a um maior bem-estar financeiro.

Eu acredito que a Educação Financeira seja como uma andorinha — sozinha, não faz verão. Este livro vem juntar forças nesse propósito de termos pessoas e sociedades mais desenvolvidas, dentro de uma perspectiva de sustentabilidade e inclusão.

Com uma narrativa leve e clara, mesmo nos momentos mais dramáticos, ele expressa como devemos nos comunicar sobre esse tema, se quisermos chegar ao maior número possível de pessoas. Falar diretamente ao leitor, remeter às suas experiências de vida, aproximar-se dos sentimentos e pensamentos que acompanham tudo isso. Ao mesmo tempo, trazendo mensagens detalhadas sobre como administrar a vida financeira, inclusive quando se parte de poucos recursos — *sem um tostão furado*, diz a autora —, mas com criatividade, jogo de cintura e resiliência.

Vera Rita de Mello Ferreira
Professora e Consultora de Psicologia Econômica,
Educação Financeira e Arquitetura de Escolha

SUMÁRIO

CAPÍTULO 1
Com vocês, minha amiga: Educação Financeira! 12

CAPÍTULO 2
Minha vida sem um tostão furado 30

CAPÍTULO 3
Por que falar sobre dinheiro é um grande tabu? 48

CAPÍTULO 4
Viver com o que eu recebo e sonhar.
Isso é possível? 70

CAPÍTULO 5
A psicologia que envolve o dinheiro 90

CAPÍTULO 6
A vida está passando... 118

CAPÍTULO 7
Guardar dinheiro é um compromisso
com você e para você mesmo 144

CAPÍTULO 8
Dinheiro e seu propósito 164

CONCLUSÃO 201

AGRADECIMENTO 205

1

COM VOCÊS, MINHA AMIGA: EDUCAÇÃO FINANCEIRA!

O QUE É E COMO A EDUCAÇÃO FINANCEIRA ENTROU NA MINHA VIDA

EM ALGUM MOMENTO DA SUA VIDA, EM ALGUM VÍDEO DA INTERnet ou programa de TV, você já deve ter ouvido falar em "Educação Financeira". Mas você já parou para pensar o que é Educação Financeira e como ela influencia diretamente sua vida?

Para mim, a Educação Financeira pode ser resumida, em poucas palavras, como "tomada de decisão". Eu penso nela quando preciso escolher uma opção, ir a algum lugar ou decidir se faço uma compra à vista ou parcelada. Nem sempre escolho a opção financeiramente mais vantajosa, às vezes cedo a alguns desejos. Mas ela está presente e é lembrada nesses momentos aleatórios do cotidiano e em outros momentos mais sérios, naquelas grandes decisões que podem mudar uma vida. Como comprar ou alugar um imóvel; gastar tudo ou investir uma parte pensando na aposentadoria; casar-se no regime de separação total ou no de comunhão parcial de bens (sim, o regime do casamento é uma questão relacionada à educação financeira).

Agora, talvez sua cabeça tenha dado uma bagunçada... "Então, quer dizer que educação financeira não é sobre planilhas, gráficos e investimentos?". Bom, pode ser também, mas o fato é que educação financeira é muito mais sobre comportamento. Você não precisa conhecer a fórmula de Bhaskara para decidir sobre comprar o terceiro sapato deste mês, mas precisa saber se é um bom negócio, se é só um desejo ou uma necessidade, se tem dinheiro suficiente pra isso... Esses impulsos de consumo, aos quais muitos de nós temos dificuldade de resistir, fazem parte do que se estuda quando o assunto é educação financeira.

Se você percebeu que tinha entendido tudo errado, não se desespere — a gente tem um livro inteiro para devorar e aprender juntos! Juntos, sim, porque, conforme te conto, relembro e expresso em palavras todo o conhecimento que tive a oportunidade de adquirir no decorrer de minha vida.

E, falando nisso, acabei de me dar conta da minha primeira memória relacionada à educação financeira, quando tinha mais ou menos 6 anos de idade. Minha família e eu morávamos em uma casa que pertencia à família da minha mãe, e um tio, a esposa e os filhos moravam em outra casa no mesmo quintal.

Um dia, minha prima foi ao Parque da Mônica. Era meu sonho ir a esse parque, mas infelizmente nunca o realizei. Ao chegar do passeio, ela me mostrou os brindes que tinha ganhado e me deu um deles! Eu me lembro como se fosse hoje, era um talão de cheques, muito parecido com o real, mas personalizado com o tema da Turma da Mônica. Ela deu uma folha para eu brincar, só que era só uma e eu tive dó de usar, então brinquei por muito tempo com esse papel em branco, para que ele durasse mais.

Hoje, refletindo sobre essa memória, consigo indicar três pontos importantes que me acompanharam até aqui: o primeiro é que ali eu desenvolvi o autocontrole, ao não precisar de recompensas imediatas, por valorizar muito a garantia de ter no amanhã. O segundo é o medo de acabar, de ficar sem, mesmo sem usar — eu queria a segurança de ter essa opção, de ter comigo algo que considerava valioso e não gastá-lo à toa. Talvez essa seja uma sensação negativa, não sei explicar ainda hoje esse medo. O terceiro ponto é que eu não consigo me lembrar se acabei usando aquele papel, se ele rasgou ou se eu o perdi. Eu não lembro de ter aproveitado a experiência de preencher aquele cheque e comprado algo com ele durante as brincadeiras.

E esse é o principal dilema de muita gente ao considerar abrir mão de algo para economizar — "e se eu morrer e nunca puder usufruir?".

Eu mudei muito desde meus 6 anos, amadureci esse pensamento e hoje não vejo mais o "acúmulo" com bons olhos. Guardar para nunca usar não é bom! E com o tempo vamos notando que esse hábito só mina as nossas realizações — e na mesma medida da segurança financeira acaba havendo frustração. Então, a Mari de hoje, especialista em Educação Financeira, propõe a você o **meio-termo**. Não gaste tudo o que tem, não guarde tudo o que recebe, priorize o que é importante para você hoje e separe um tanto para priorizar o que será importante para você amanhã. Esse **equilíbrio** é a chave das decisões — e, como eu disse, educação financeira, no meu ponto de vista, é tomada de decisão.

Voltando à minha infância, me lembro também de ir com minha mãe a uma agência bancária na qual meu pai tinha conta. Todo mês minha mãe levava meus irmãos e eu para sacar o salário dele. O ambiente era bonito e me encantava ver aquele tanto de gente em filas pra pegar dinheiro da máquina. No balcão central, havia uma mesa com canetas penduradas, coberta de envelopes de depósito e panfletos, e minha felicidade era certa quando minha mãe me deixava levar alguns para casa, pois eu adorava brincar de banco.

Sinto que o gosto pelo mundo financeiro já habitava em mim. Aliás, Banco Imobiliário era meu jogo de mesa favorito. Eu tive um de verdade, que foi presente de uma tia, e a família toda jogava. Minha mãe também chegou a comprar umas réplicas na lojinha de R$ 1,99, já que meus irmãos e eu realmente amávamos jogar!

De forma inconsciente, acredito que meus pais trouxeram a educação financeira para dentro de casa. Eles não sabiam fazer a gestão do dinheiro da família da melhor forma, porém fizeram o que foi possível e tentaram passar para os filhos o pouco que sabiam.

A educação financeira deveria ser ensinada nas escolas. Provavelmente seus avós não tiveram a oportunidade de aprender de maneira formal, e passaram apenas parte da vivência deles aos seus pais, que te ensinaram o que sabiam também. Enquanto a educação financeira básica não for um compromisso real com a sociedade, esse "bicho" chamado dinheiro ainda vai pôr medo em muita gente.

| COM VOCÊS, MINHA AMIGA: EDUCAÇÃO FINANCEIRA! |

É por conta disso que eu carrego uma missão: desenvolver a consciência financeira em você, em seus amigos, em seus pais. Nunca é tarde demais para aprender a fazer algo melhor ou de forma diferente. Eu prefiro falar de um jeito mais simples, porque a vida já é complicada demais, e espero poder ver a mudança em você.

Se formos analisar parte do que se fala sobre educação financeira, vamos encontrar descrições, como **um processo de aprendizagem acerca de assuntos relacionados a dinheiro e produtos financeiros.** Também há menções à **organização do orçamento doméstico e à necessidade de se aprofundar no mundo dos investimentos.** E está tudo certo! Realmente existem muitas formas de expressar algo que é tão novo e abstrato para nós. Eu só quero que você tenha um entendimento que vá ao encontro de suas necessidades, seus objetivos e sua fase de aprendizado, rumo à mudança desejada para sua vida. Ficarei imensamente feliz se você se inspirar no que vai ler aqui para tomar boas decisões!

Muitos falam sobre ela, mas poucos sabem quem ela é de verdade

A educação financeira nunca foi tão citada como na atualidade, mas tenho a sensação de que nem todo mundo entendeu bem do que ela trata. O tal do "economês" afasta os curiosos que fazem uma busca rápida na internet a fim de encontrar respostas para dúvidas aparentemente simples, como "qual é o melhor investimento?".

Grandes canais nas redes sociais abordam o tema, e até a TV e o rádio estão cedendo espaço para esse debate. Parece que só agora entendemos o quanto ela é decisiva para a prosperidade financeira das pessoas.

Eu usei a palavra "decisiva" porque tenho alguns números para compartilhar com você e gostaria que os interpretasse, colocando-se dentro da estatística.

Afinal, você se considera educado financeiramente?

Vamos lá! Um estudo do Ibope, divulgado em 2020, apontou que apenas 21% dos entrevistados com acesso à internet das classes A, B e C tiveram educação financeira na infância. Dentre eles, 45% não compartilham o que aprenderam com seus filhos e 37% não falam sobre isso com seus parceiros. Assim se perde pelo caminho o pouco que foi aprendido nos primeiros anos de vida, e não só essas pessoas tendem a passar por problemas financeiros ao longo do tempo, como sua próxima geração também. A tendência é o empobrecimento.

Não encontrei uma pesquisa recente que traga dados sobre a população das classes D e E, mas, por minha experiência de consultorias e conversas com o pessoal nas redes sociais, posso afirmar que essa é uma questão social que afeta a todos, mesmo que em proporções diferentes, já que o aumento de renda, através de uma promoção no trabalho, por exemplo, que eleva uma pessoa da classe D para a C não significa que ela se educou financeiramente. Apenas lhe dá margem para consumir mais e melhorar seu padrão de vida, muitas vezes sem consciência financeira.

Por essa razão afirmo que, independentemente da renda, a falta de educação financeira desde muito cedo, em casa e na escola, provoca grandes dificuldades na administração da vida adulta, quando é comum a tomada de decisões importantes, a abertura de conta em banco, a declaração de imposto de renda, a formação de família, a preocupação com os boletos, o planejamento de objetivos e a necessidade de aprender a lidar com imprevistos e poupar para o futuro.

Há uma grande carga de responsabilidade sobre uma base pouco sólida de conhecimento

Um reforço para esse pensamento veio através da Pesquisa de Endividamento e Inadimplência do Consumidor (Peic), divulgada pela Confederação Nacional do Comércio de Bens, Serviços e Turismo (CNC), que aponta que fechamos o ano de 2020 com 66% das famílias brasileiras endividadas, sendo que aquelas com maior renda (mais de dez salários mínimos) apresentam o menor nível de endividamento, chegando a 59,3% contra 67,5% das pessoas com renda inferior a dez salários mínimos. Há uma diferença considerável entre os grupos, porém não gigantesca.

Na minha opinião, a facilidade de tomar crédito, unida à vontade de ter uma vida melhor e à óbvia necessidade, está endividando nossa população. Não fomos ensinados a planejar, compreender taxas de juros ou estabelecer objetivos de longo prazo. Pelo contrário, recebemos muito incentivo ao consumo imediatista para fazer a economia girar.

E tudo isso foi agravado pela pandemia do novo coronavírus. Porém, olhando para trás, com tão pouco investimento em educação financeira, era de esperar que fosse duro, para uma população com dificuldades básicas de organização e poupança, passar por tudo isso.

Durante a pandemia, cresceu muito a busca por assuntos ligados a dinheiro, mas é importante ressaltar que esse é um tema ainda novo para todos nós. A título de curiosidade, o Brasil só tem sua Estratégia Nacional de Educação Financeira (Enef) desde 2010 — até então, o tema era ainda menos divulgado.

Em 2020 essa disciplina se tornou obrigatória nas escolas e começou a ser incorporada às aulas das demais matérias. Acredito que tenha faltado um pouco de estrutura para essa implementação, afinal, como pedir que um professor ensine educação financeira se ele também nunca foi incentivado a aprender? É claro que a vida ensina e as lições da cartilha são facilmente compreendidas por ele. Mas sonho com o dia em que teremos um professor especialista

| COM VOCÊS, MINHA AMIGA: EDUCAÇÃO FINANCEIRA! |

na sala de aula ou, ao menos, um bom treinamento para aqueles que se habilitam a abordar o tema em suas aulas.

Estamos avançando, porém o caminho é longo. Principalmente quando ampliamos o olhar para a realidade de cidades distantes dos polos financeiros e para a desigualdade de gênero e raça. Segundo o Instituto Brasileiro de Geografia e Estatística (IBGE), em 2018 as mulheres tiveram rendimentos cerca de 20% menores do que os dos homens. E, quando colocamos a população negra em perspectiva, percebemos que sua renda correspondeu a aproximadamente 60% da renda de quem é branco. Logo, para essas pessoas, a educação financeira não praticada gera desequilíbrio e prejuízos ainda maiores. É necessário trabalhar para reduzir essa desigualdade social, garantindo meios de sobrevivência e desenvolvimento de cidadania financeira para a população mais vulnerável. Claro que a educação não faz o dinheiro brotar na mão de ninguém, no entanto ajuda e muito na gestão de grandes ou pequenos valores.

Preciso ressaltar que existe uma diferença entre ter dinheiro e ter educação financeira. No início da minha vida adulta, eu fazia praticamente milagres todos os meses para as contas fecharem, basicamente por instinto. E uma coisa que tenho observado muito é que há pessoas apontando o dedo para o erro dos outros. Então, achei importante contextualizar como anda a educação financeira no Brasil, para deixar claro que as pessoas que têm acesso a ela desde cedo são mesmo exceções, porque pouco se fala do que está por trás dos números e muitos nos julgam pelas decisões que tomamos.

Numa realidade em que praticamente todos têm alguma ambição, querem ter uma vida melhor e receber mais dinheiro por seu trabalho, é bastante contraditório culpar aquele que tem uma renda maior que a sua por não saber fazer uma boa gestão (quem lhe deu educação financeira?). Da mesma forma, é injusto julgar pessoas com baixa renda por desejarem viver num bairro melhor, viajar, comer bem ou ter uma boa TV. Uma pessoa mais pobre também tem direito de realizar sonhos e desejos, no entanto é julgada por não fazer cálculos e acabar se endividando (mas eu pergunto a você: onde ela teria aprendido?).

O julgamento é uma grande armadilha. Não sabemos o que se passa na casa do vizinho, mas é bem provável que ele saiba tão pouco sobre como ajustar um orçamento quanto qualquer um. Esta foi a primeira lição que aprendi quando estudei sobre orientação financeira: ajudar o cliente a se organizar financeiramente e a tomar boas decisões, mas sem julgá-lo.

Portanto, quero que você continue esta leitura com a certeza de que não importa qual é a sua renda, se você se sente mal por não saber muito bem como cuidar dos seus tostões ou se agora percebeu que as contas do mês não vão fechar. Ainda assim, não é sua culpa. Você tem a responsabilidade de correr atrás para resolver os problemas, mas não deixe que o peso da culpa caia sobre você — a culpa nos paralisa e nos impede de tomarmos decisões melhores no futuro.

Não é fácil fazer bem-feito alguma coisa para a qual você nunca foi educado a fazer. Então, nada de culpa.

COM VOCÊS, MINHA AMIGA: EDUCAÇÃO FINANCEIRA!

Chegou a hora de virar o jogo e nunca mais ficar sem um tostão furado! Você vem comigo?

A educação financeira e eu. Como realizei meus primeiros sonhos

A educação financeira me acompanha desde sempre, mas era uma coleguinha tímida. Foi ganhando espaço e voz só depois que eu tive a oportunidade de fazer a gestão dos meus primeiros tostões, o salário do primeiro emprego.

Eu anotava os recebimentos e gastos, tudo bem separadinho no caderno, com caneta cor-de-rosa. Era tão pouco que, se eu não comprasse o passe de ônibus e trem na cartela para o mês todo, o dinheiro não dava. E eu preferia comprar assim, porque tinha R$ 0,05 centavos de desconto por passagem. Eram R$ 0,20 centavos por dia, R$ 5,20 por mês. Dava para eu comer um cachorro-quente por dia, durante cinco dias! Pensa que economia! Para o padrão de vida daquele tempo, fazia total sentido.

Nessa época, eu percebi que viver com pouco era melhor que viver sem nada. Achava o máximo poder comer fora todo dia, mesmo que fosse um cachorro-quente ou um pacote de bolacha. E o valor desse gasto ia para o caderninho também.

Eu não tinha cartão de crédito de banco, só de loja, mas não comprava quase nada para mim. Lembro de ter ido um dia ao shopping com minha irmã e comprado uma sandália. Era de salto alto, maravilhosa, e custou uns R$ 40,00, só que eu não sabia andar de salto e a usei pouquíssimas vezes. Foi uma compra por impulso da qual me arrependi, porque, enquanto isso, eu só tinha um tamanco para ir ao trabalho e duas calças sociais que ganhei de minha irmã. Fizesse chuva ou sol, isso era tudo o que eu tinha.

Mas olha, de verdade, eu não me preocupava muito com isso, nunca liguei para roupas e sapatos. Quando conseguia comprar uma blusinha, escolhia sempre a mais barata. Não sentia constrangimento em vestir roupas simples ou usadas. Quando eu via que conseguia pagar todas as contas do mês, sem precisar de crédito, me sentia orgulhosa.

Hoje tenho consciência de que o barato pode sair caro e de que uma roupa barata tem uma vida útil muito menor (sem falar das condições de trabalho de quem as produz), só que naquele tempo meu objetivo era apenas ter mais opções do que vestir. Para não ir ao trabalho sempre com a mesma blusinha de R$ 30,00, eu preferia comprar 6 blusinhas de R$ 5,00 cada. E ainda assim eu pensava muito antes de fazer uma nova aquisição.

COM VOCÊS, MINHA AMIGA: EDUCAÇÃO FINANCEIRA!

Nunca tive vergonha de parecer pobre

Um casal de amigos, com quem eu trabalhei há cerca de dez anos e que hoje são também meus clientes, estava me lembrando das brincadeiras de amigo secreto. Eu só pedia coisas úteis, que já teria mesmo que comprar, para não exceder meus gastos. Aliás, até hoje faço isso. Já pedi chinelo, guarda-chuva e até saquinho de lavar roupa. Com isso, nunca precisei deixar de socializar com os amigos, nem gastar mais do que o orçamento permitia. Eu tenho a impressão de que isso não é fácil para a maioria das pessoas: ser quem se é de verdade.

Praticamente todos os meus clientes ao longo dos anos me contam que a escassez da infância deu lugar ao consumismo na vida adulta, devido àquela sensação de necessidade de recuperar o tempo perdido e aproveitar as oportunidades que não tiveram antes.

Por alguma razão, comigo foi diferente. Eu estava tão focada em meu objetivo, sabia tão bem quais eram minhas prioridades que nem me passava pela cabeça fazer qualquer coisa diferente.

E assim sigo até hoje: tenho minhas metas, algumas pequenas e fáceis de cumprir, e outras grandes, que demandam paciência e perseverança. Entre todas elas, o que há em comum são a vontade de realizar e o planejamento estratégico.

Não importa se decidi comprar almofadas para o meu sofá ou um carro, eu pesquiso e avalio cada compra com os mesmos critérios: **Eu preciso? Eu quero de verdade? Essa é a melhor** opção? Precisa ser agora? O custo-benefício tem sentido? Tenho dinheiro para isso? Melhor pagar à vista ou parcelado? Tem mais barato em outro lugar? Compro novo ou usado? Se esperar mais, posso ter uma oportunidade melhor?

Juro para vocês, eu analiso cada compra até hoje, mesmo tendo uma situação financeira muito mais confortável.

Durante os 14 anos em que já trabalhei, conquistei muitas coisas! Fiz um cruzeiro para o Rio de Janeiro, fiz minha primeira viagem de avião para a Argentina. Também fui para Balneário Camboriú, Curitiba e conheci as praias lindas de Maceió, Porto de Galinhas e João Pessoa. Fui para o Chile duas vezes, Espanha, Colômbia e em uma única viagem passei por Alemanha, França, Bélgica, Holanda e Irlanda.

E eu me programei para cada uma dessas viagens!

Além disso, uma das maiores conquistas foi ajudar a comprar a casa onde minha família mora até hoje, além de meu carro e meu apartamento. E a tão sonhada liberdade financeira está se construindo. Eu já realizei muitos sonhos, e o planejamento foi primordial.

Vou contar para você!

Quando temos uma prioridade, algo que amamos fazer, é importante saber diferenciar necessidade e desejo, para que consigamos vivenciar isso.

A necessidade é representada por tudo o que é essencial, que não nos permitiria viver bem sem. Já o desejo é a projeção de algo que nos agradaria, mas que no fundo sabemos que é secundário.

COM VOCÊS, MINHA AMIGA: EDUCAÇÃO FINANCEIRA!

Dito isso, você já deve imaginar como seria minha divisão de orçamento, certo?

Vou te mostrar um exemplo de estrutura de gastos anuais:

PRIMEIRO: o que é essencial.

Aqui eu incluo as despesas básicas como moradia, prestação do financiamento, condomínio, energia e IPTU. Também comida e remédios para minha família e para mim.

SEGUNDO: itens importantes.

Essa é a parte secundária, como internet, conta de celular, custos com o carro (manutenção, seguro, impostos, combustível, estacionamento etc.), doações, seguro de vida, viagem anual, restaurante e *delivery*.

TERCEIRO: o que é desejado.

Móveis e eletrodomésticos, vestuário em geral, viagens mais curtinhas, presentes, passeios diferentes, reformas (casa e carro), salão de beleza, tratamentos estéticos e acessórios.

Isso significa que eu consumo esses itens todos os meses? Não. Essa é só a ordem de importância que eu dou para cada um deles.

Ao longo dos anos, algumas despesas entram e saem, e a gente muda de percepção, gosto e necessidade. Então, é bom saber quanto gastar e como priorizar cada grupo, para não acabar dando mais valor do que deveria para atividades ou produtos bem menos relevantes para você.

Bem, falei um pouco sobre despesas e como montar uma estrutura para os gastos anuais, mas ainda não falei de economia e de investimento, pois eles ainda não entram nesse primeiro momento.

Na minha organização financeira, o valor de reserva não passa pelo orçamento como um gasto, então não entra nessa lista. O que eu faço é separar quanto preciso economizar, antes de receber. Eu tenho em mente as coisas que quero comprar e as experiências que quero vivenciar no ano, então calculo quanto vou precisar e divido quanto tenho que poupar por mês. Por exemplo, pesquisei que minha viagem de férias custará R$ 3 mil, então economizo automaticamente R$ 250,00 por mês durante 12 meses, para ter o valor necessário. Quando agimos assim, o objetivo fica mais palpável, menos distante.

Além disso, mantenho em mente meus planos de prazo mais longo. Para eles, quando eu trabalhava pelo regime CLT, procurava separar os tostões extras, como 13º salário e bônus, e agora faço isso com as palestras e os *workshops*.

Ainda falaremos muito sobre orçamento, mas queria já adiantar que é por conta desse planejamento que consigo realizar as metas pequenas e as grandes.

Ter essa noção de linha do tempo na cabeça e entender que nem tudo é necessário e urgente já é um bom começo. Assim vamos aprendendo e praticando a base da educação financeira, que é a tomada de decisão consciente e o planejamento financeiro.

2

MINHA VIDA SEM UM TOSTÃO FURADO

COMO TUDO COMEÇOU

VOU APRESENTAR PRA VOCÊ UMA FAMÍLIA MARAVILHOSA, EM QUE todos se amam muito, mas têm zero planejamento financeiro.

Spoiler: *qualquer semelhança com a sua realidade, não é mera coincidência.*

Minha mãe se casou com meu pai quando tinha 21 anos e ele 23. Ela vinha de uma situação financeira bastante difícil e frequentou a escola só até o quinto ano do ensino fundamental, quando precisou parar de estudar para começar a trabalhar, assim como quase todos os seus oito irmãos. Meu pai teve uma infância e uma adolescência de fartura, meu avô tinha comércio e conseguiu pagar colégio particular para os três filhos.

Agora pense num casal apaixonado! Meus pais vieram de mundos opostos, mas se conectaram e construíram um relacionamento de dar inveja e logo chegou a primeira filha, que foi uma grande alegria. Porém, ela chegou no meio de uma situação difícil, porque meu pai não tinha emprego fixo e eles moravam de favor no fundo da casa dos meus avós.

Com o passar dos anos, as coisas ficaram mais complicadas, meus avós paternos faleceram, a casa foi vendida e o bar que meu pai havia aberto não estava dando certo. Então, com um intervalo de nove anos, mais uma filha chegou de surpresa: eu!

E, depois de um ano e sete meses, veio meu irmão!

Fica difícil planejar as finanças e a vida em um cenário em que acontecem tantas situações imprevistas. Até a chegada de um filho, ou de três, o que é motivo de alegria, geralmente pode se tornar uma grande preocupação.

Eu era muito pequena para me lembrar, mas sei que moramos de aluguel um tempo na casa da minha tia, que é uma pessoa maravilhosa e muito amada e sempre esteve ao nosso lado. Em seguida, fomos morar na casa da minha avó materna, que havia falecido pouco depois do meu nascimento. Meu pai pagou alguns aluguéis, mas, devido à perda do emprego, meu avô acabou cedendo a casa. Foi lá que eu cresci e construí praticamente todas as minhas memórias de infância. Era uma casa grande e confortável, tinha quintal e horta. Era nosso lar.

Minhas primeiras lembranças desse tempo são de muitas brincadeiras no quintal, porque minha mãe, superprotetora, não deixava a

MINHA VIDA SEM UM TOSTÃO FURADO

gente ir pra rua. Eu levava sempre uma boneca a tiracolo, brincava com giz e lousa. Tinha pouca noção do que se passava em casa, mas íamos de vez em quando visitar parentes com uma sacola de feira vazia e voltávamos com ela cheia. O caminho a pé era longo, então aproveitávamos para brincar e correr. Que alegria!

Lembro de ganhar muitos sacos de pão francês duro, que a gente amava torrar no forno e comer com óleo.

Quando olho para trás, fico tentando imaginar de onde meus pais tiraram força para não deixar transparecer a situação difícil em que vivíamos. Eu, criança, com toda a ingenuidade, nada entendia.

Mas os anos foram passando, e eu presenciei momentos muito tristes, como quando meu pai chegava em casa contando que tinha novamente perdido o emprego. Ali se anunciava um período de falta. Ele trabalhou uns quinze anos sem registro, pois os empregos eram temporários.

Mas um episódio nunca me saiu da cabeça. Era o mês de janeiro, época de comprar material escolar e uniforme, mas meus pais não tinham um tostão. Não havia mais o que vender em casa, e estavam preocupados. Começaram a vasculhar bolsas, armários, tapetes, buscando algum dinheiro esquecido, e os filhos ajudando. Até que chegou a vez do sofá, e dava pra perceber que tinha uma moeda lá no fundo, fora do alcance. Então eles viraram o sofá, cortaram o forro de baixo e acharam R$ 0,25 centavos. Isso era tudo.

Não dava para fazer muita coisa com esse valor, então, com muita esperança, arrumaram os filhos e foram tentar a sorte numa máquina de caça-níquel do bairro. Estávamos lá, a Família Buscapé em peso, todos torcendo, enquanto a máquina girava as figuras e fazia aquele som que gera expectativa. E não é que apareceram três figuras iguaizinhas na mesma linha? Foi um superprêmio: 800 moedas de R$ 0,25 centavos, R$ 200,00 no total, e a torcida foi ao delírio! Dessa vez deu para comprar o material escolar de todos e comida para casa.

E assim foi boa parte da minha infância, momentos de altos e baixos. Nos altos, a gente tirava a barriga da miséria. Meu pai levava a gente para o shopping, comprava brinquedos e pizza. Nos baixos, tinha que segurar a onda, era quando pedíamos ajuda e ficávamos mais unidos.

Não tinha meio-termo, não se pensava em planejamento e investimentos: todas as vezes que meus pais conseguiram guardar algum dinheiro na poupança, usaram para dar de entrada na compra de um bem, como apartamento e carro. O sonho deles era ter uma vida de mais independência, como a de muitas pessoas, e estavam sempre otimistas. Mas os trabalhos do meu pai não eram fixos ele perdia o emprego, não conseguia pagar as parcelas e tinha que desfazer o negócio.

Então, em 1998, chegou mais um filho. Meu irmão caçula nasceu num período supercomplicado de desemprego, minha mãe estava desesperada. As vizinhas se juntaram para fazer um chá de bebê e doaram várias roupinhas. O tempo se encarregou do resto e ficou tudo bem. Ele é nove anos mais novo que eu e o xodó de todos nós.

Quando eu percebi que a situação estava ruim

Nós moramos por muitos anos na casa dos meus avós maternos. Porém, após o falecimento do meu avô, a família da minha mãe quis vender a casa.

Foram anos de corretores e interessados entrando e saindo da nossa casa, meu irmão do meio se escondia debaixo da cama. Eu tinha muito medo de que alguém decidisse comprar, porque a gente não tinha para onde ir. Alguns irmãos da minha mãe eram também contrários à venda, porque viam nossa situação, e ajudaram, negando algumas propostas. Mas com o tempo foi ficando insustentável, contrataram uma advogada para ir em casa convencer minha mãe a assinar a venda e a gente ficou sem saída.

Em uma dessas tentativas de comprar um bem, meu pai havia adquirido um terreno num bairro novo, praticamente inabitado, próximo ao bairro no qual morávamos. Ele também não estava conseguindo pagar as parcelas, no entanto era tudo o que tínhamos.

Nosso lar foi vendido e tivemos trinta dias para desocupá-lo. O valor líquido da venda dividido entre nove irmãos era irrisório, mal chegava a R$ 6 mil. Nós ainda recebemos menos, porque havia impostos atrasados. E foi a sobra desse valor que usamos para construir. Eu tinha 15 anos quando tudo isso aconteceu, e foi um período de amadurecimento forçado. Minha mãe tinha feito uma cirurgia nos dois pés e eu precisava ir ao depósito de materiais de construção comprar o que faltava para a obra, usando cheques pré-datados da minha irmã. Até porque não se constrói uma "casa" com R$ 4 mil ou R$ 5 mil, né?

Casa, entre aspas, porque eram só quatro paredes e um teto, tinha uma janela e uma porta. Não tinha portão, nem porta no banheiro, muito menos piso, reboco ou encanamento na cozinha. Os cômodos eram divididos por móveis e cortinas, a entrada do banheiro era escondida por um lençol e o vaso sanitário foi dado por um tio.

Chegamos ao fundo do poço.

O primeiro dia nessa casa foi um dos mais tristes para todos nós. Não perdemos só nosso lar, parecia que tínhamos perdido a dignidade. Minha mãe só dizia que queria sair de lá, ela não pensava em outra coisa e sofria demais.

Como se não bastasse o desconforto, a insegurança e a má localização, a casa era muito úmida. Todos os nossos móveis estragaram em pouco tempo. E a falta de reboco causou não só minas de água que vazavam pelas paredes, mas também uma infestação de baratas, tatus-bola e ratos.

A sensação era de que nós estávamos ocupando o território deles. E estávamos mesmo, porque morávamos em uma rua extensa, onde tinha só umas dez casas, o restante era mato, terrenos sujos e abandonados. Os animais viviam atrás das paredes e se escondiam durante o dia. À noite caminhavam livremente pela casa, entre nós, em cima da pia, fogão e geladeira. Não podíamos deixar comida no armário, nem no fogão. Os ratos eram enormes. Nas raras vezes que uma ratoeira conseguia pegar um, era um tormento, porque os bichos sofriam e a gente podia ouvir.

As gavetas de roupas eram limpas em um dia e estavam cheias de rastros no outro. A nossa vida virou de cabeça para baixo, e a gente não tinha dinheiro para sair de lá ou para rebocar as paredes.

Então surgiu uma solução, um jeitinho: meu pai quebrou o sofá, que já estava podre, e usou as espumas para cobrir as frestas das paredes. A casa era toda de tijolo baiano, aquele cor de laranja, e as espumas eram amarelas — não posso dizer que ficou bom aos olhos, mas reduziu a entrada de animais. Depois disso, um amigo dele, pedreiro, foi até lá e tampou mais alguns buracos com cimento. Na mesma época, por acidente, encontramos outra solução para eliminar aqueles que ainda viviam escondidos dentro da casa. Em uma noite, minha mãe esqueceu de tirar a bacia de água que ficava embaixo da pia da cozinha, já que não havia encanamento, e, no dia seguinte, apareceu um rato na bacia, que havia se afogado na água. Então, começamos a deixar a bacia com água da lavagem de louça ali, e pouco a pouco acabamos com o problema.

Batalha vencida! A vida melhorou um pouco. Uns meses se passaram e conseguimos vender a casa. Alguém aceitou assumir as dívidas e nos pagou uma parte do valor.

Nessa fase, sinto que a falta de planejamento foi um problema novamente, porque, em vez de guardar o dinheiro, minha família decidiu comprar móveis. Mas não tínhamos uma casa! Ao vencer o prazo de desocupação, ainda não havíamos encontrado um lugar para morar e tivemos que nos instalar em dois cômodos que uma vizinha muito amada nos alugou às pressas.

Devia ser temporário, mas as coisas não melhoraram. Os móveis ficaram quase dois anos no armazém da loja, até que pediram para que os retirássemos e os deixamos na casa de um tio por mais um ano. Algumas partes se perderam, outras estragaram. Foi um péssimo negócio. Além de ficarmos sem um tostão furado.

Ao todo, moramos por quase três anos nessa casinha, até que o destino sorriu para nós e a vida mudou de novo.

Hora da virada: As decisões que mudaram tudo

Ao completar 18 anos, tive minha primeira oportunidade de emprego: comecei como atendente de *telemarketing* em uma empresa de cobranças. Era bastante desagradável ligar para pessoas que estavam com contas atrasadas, principalmente depois de um tempo, já que precisávamos ligar para a mesma carteira de clientes duas vezes por semana. Sei o quanto as pessoas criticam os atendentes, mas nossa posição também não era nada fácil.

Eu ficava com muita pena das pessoas para quem eu ligava, em muitas ocasiões. Eles contavam as razões de não poderem pagar, na maioria das vezes não tinham condição mesmo. Mas ali, naquela posição, aos 18 anos, não sabia aconselhar, tratava as pessoas com empatia, só que não podia fazer nada por elas.

Trabalhei nessa empresa por seis meses, com um salário bruto de R$ 523,00, no ano de 2007. Aprendi bastante, mas a maior proeza era conseguir fazer o salário render o mês todo. Não por ser consumista, mas porque, ao receber o primeiro salário, recebi também uns boletos para ajudar nas contas de casa.

Era assim: eu pagava telefone e internet, a mensalidade da minha faculdade, colocava crédito no celular, comprava passe para o ônibus e o trem e me sobravam cerca de R$ 100,00 pra passar o mês. Eu usava R$ 1,00 por dia para me alimentar, quando não levava um lanche de casa, uns R$ 30,00 pra comprar algo que precisasse e cerca de R$ 40,00 para passear com meu namorado. Meu lazer era pagar meia no cinema de segunda-feira e comer hambúrguer nas lanchonetes de bairro no fim de semana.

Meu dinheiro era bem contadinho, eu só não conseguia pagar o transporte para a faculdade. Na época eu me matriculei no curso de Letras com habilitação em inglês, porque eu amava estudar isso na escola. E também porque foi o curso mais barato que encontrei. Pena que ficava longe e não tinha EAD. Eu precisava de ônibus e trem para chegar, mas não tinha como pagar, não cabia no orçamento; mesmo que eu não colocasse crédito no celular, não comesse nada fora e não tivesse lazer algum, eu não teria dinheiro para o transporte, livros e apostilas.

> **Foi aí que precisei tomar minha primeira grande decisão financeira: eu paguei a faculdade e só fui um dia para a aula.**

Pode parecer loucura. "Afinal, por que pagar, se tem tão pouco dinheiro, a ponto de nem conseguir assistir às aulas?" Eu paguei, porque tinha um sonho. Eu queria uma vida melhor para minha família e para mim.

Na época, nós morávamos de aluguel nessa casinha de dois cômodos, com menos de 30 metros quadrados. Dormíamos todos juntos no mesmo quarto: minha mãe, Roseli, e meu pai, Carlinho, com o Gustavo, nosso irmãozinho caçula, na cama de casal. Eduardo, Janaina e eu nos revezávamos entre os colchões no chão e uma cama de solteiro. Eduardo começou a trabalhar como menor aprendiz e a pagar a conta de luz, e Janaina, que já trabalhava havia bastante tempo, nos ajudava muito em tudo, mas estava endividada.

Sabendo desse contexto, você imagina qual era meu sonho? Eu queria um emprego melhor, com benefícios, para poder sair daquela pobreza.

Foquei em trabalhar em um grande banco, no mesmo onde minha irmã trabalhava. Ela estava lá havia sete anos e ocupava a função de supervisora no *call center*. E vejam que incrível: o Edu era menor aprendiz nesse mesmo banco, onde ele conseguiu, além da vaga para trabalhar, uma vaga para estudar na Fundação, por ser um dos cinco melhores alunos da escola pública onde ele frequentava as aulas regulares!

Por isso eu também queria entrar nesse banco, pois sabia que, se tivesse o salário que o banco pagava para os atendentes de *telemarketing*, que era quase o dobro do que eu recebia, mais os benefícios, nós teríamos ascensão financeira e eu poderia ter uma carreira.

Porém, como em quase toda empresa de grande porte, ter nível superior era requisito mínimo. Por isso eu paguei a faculdade por seis meses, mesmo sem ter condições de ir. O objetivo inicial foi ter a declaração de que estava cursando nível superior, para ser uma candidata habilitada àquela vaga. E depois começar a estudar realmente.

Nós tínhamos estruturado todo um plano, eu estava trabalhando para investir na carreira, e não para usufruir do salário. Eu segui o plano e nunca atrasei nenhuma mensalidade.

Seis meses se passaram, não fui chamada para nenhum trabalho e senti que joguei fora uns R$ 1.500,00 com as parcelas do curso. Desanimei, conversei com minha família e disse que tentaria de novo no ano seguinte. Não fiz outra matrícula e segui trabalhando. Até que, um mês e meio depois, recebi uma ligação que mudaria para sempre minha vida. Era do RH do banco me convidando para participar do processo seletivo.

Entrei em choque! "Logo agora que não estou matriculada em nenhum curso?"

Com muito medo e esperança, aceitei participar da primeira etapa e passei — era uma prova de conhecimentos gerais. Na sequência, uma dinâmica em grupo e, por fim, uma entrevista bastante desafiadora. Até que ouvi o meu "sim". Eu chorava na estação de trem ligando para minha irmã (e ainda me emociono com essas lembranças enquanto escrevo), e ela chorava do outro lado da linha. "Deu certo! Nós conseguimos! Eu passei!" Eu dizia essas palavras, com o peito cheio de alegria, mas jamais imaginei a importância que elas teriam na minha história.

Corri de volta para a secretaria da faculdade, já tinha passado o vestibular, não dava para começar nenhum curso e eu tinha faltado o semestre inteiro. Até hoje não consigo acreditar como uma menina de 18 anos conseguiu superar tudo isso, sabendo argumentar e negociar numa situação em que não havia uma saída óbvia. Mas em meio às explicações da funcionária eu tive uma ideia, implorei, e a convenci a me matricular. Nós duas sabíamos que já era tarde, só que era minha única chance. Eu fiz o que senti que tinha que fazer. Paguei na hora a matrícula e duas mensalidades, com o valor da rescisão do meu contrato da empresa de cobrança. Fiquei sem nada, mas tinha minha declaração!

Eu realizei o meu sonho, eu entrei!

E essa porta que se abriu foi um divisor de águas na vida de uma família inteira.

Após três meses de contratação, surgiu uma oportunidade incrível de comprar um imóvel na mesma rua da casa dos meus avós, onde também estávamos morando de aluguel. Minha irmã e meu pai já estavam tentando comprá-lo havia um ano, mas não conseguiam financiar. Até que a proprietária ofereceu vender com parcelamento direto, mediante 45% de entrada. A casa custava R$ 90 mil, e nós não tínhamos nada. Então eu consegui R$ 10 mil emprestados com o banco, minha irmã R$ 26 mil e meu pai, R$ 4 mil com o patrão.

E nós compramos a casa!

Não era nova e precisava de muitas reformas. Mas tinha quatro quartos, três salas, três banheiros, cozinha, garagem, área de serviço e varanda! Dá para acreditar?

Durante quatro anos ficamos pagando os empréstimos. Meu irmão foi contratado pelo banco como funcionário um pouco depois de mim e ajudou minha irmã a pagar o empréstimo dela, que tinha uma parcela maior. Nesse tempo meu pai ficou firme no emprego e conseguiu pagar os três anos e meio de parcelamento direto com a proprietária. O salário dele era R$ 1.200, e a parcela também. Então, os filhos assumiram as contas da casa. Aqui já tínhamos passado por muita coisa, e a educação financeira, aprendida por instinto, nos ajudou a organizar as contas para nunca mais nos faltar nada.

As primeiras economias. O meu combustível inicial

Quando se passa um período ou quase toda uma vida sem muitos recursos, temos dois caminhos: aproveitar o tempo perdido e experimentar tudo o que o dinheiro pode comprar, ou focar em ter o essencial e guardar dinheiro para nunca mais passar por aquilo de novo. Você já deve imaginar qual caminho eu segui.

Eu fiz a mesma organização de antes, quando recebia quase a metade desse salário. Com a diferença de que tinha as parcelas do empréstimo para pagar e uma faculdade real para frequentar. Comecei o curso de Gestão de Recursos Humanos, porque me encantei com as etapas de contratação e com o treinamento do banco, e estava segura de que queria seguir aquele caminho.

Meu salário estava quase todo comprometido como antes, mas eu recebia vale-alimentação e refeição. Como meu pai estava focado em pagar a casa, optei por concentrar os valores apenas em vale-alimentação, e nossa geladeira vivia cheia.

Eu não me adaptei à faculdade, não gostei do curso, queria algo que fosse mais prática do que teoria. Então, tranquei a matrícula e fiquei um tempo tentando descobrir do que eu gostava e qual carreira seguir.

Nisso eu recebi meu primeiro bônus de trabalho, equivalente a uns dois salários. Usei para fazer o telhado da casa e comprar um secador de cabelo.

Ainda não tinha feito nenhuma reserva, estava apenas vivendo para apagar incêndios, quitar dívidas da família e nos manter.

Até que, por engano, uma amiga fez uma transferência para minha conta-poupança, sendo que eu esperava o crédito na conta-corrente. Era do rateio do café da manhã da equipe, que eu havia pago. Então eu pensei: "vou deixar esse dinheiro rendendo lá". Assim eu percebi que dava, sim, para guardar algum valor, era só apertar mais um pouquinho.

Minha primeira economia foi em junho de 2009, no valor de R$ 28,00. Parece pouco e impossível pensar que algum dia isso poderia se transformar em um grande montante, suficiente para chamar de independência financeira. Mas, assim como muitos, eu comecei por baixo, com pouco, e fui pegando gosto. Ver o valor aumentar me dava uma sensação de conquista que a roupa nova nunca poderia me proporcionar. Eu estava começando a construir minha reserva de segurança. Eu a via como uma tábua de salvação, caso alguém da família perdesse o emprego.

Porém, olhando extratos antigos, percebi que cometia um erro: a partir dessa primeira economia, quando o salário batia na conta, eu transferia o valor inteiro para a poupança e ficava usando como se fosse uma conta-corrente. Creio que era a vontade de economizar gritando em mim, mas hoje sei que o ideal teria sido transferir para a poupança o valor certo que poderia economizar no mês, para começar de fato a poupar, e não ficar tirando um pouquinho a cada dia.

Mas naquela época meu investimento se limitava a poupança, CDB e título de capitalização. Você deve ter olhado com cara feia quando leu isso, mas vamos entender, que, até 3 de maio de 2012, a poupança rendia bem mais que hoje. Tinha um rendimento de 0,5% ao mês, mais a TR (Taxa Referencial), ou seja, nossos tostões rendiam mais de 6% ao ano, com a segurança e a facilidade de deixar o dinheiro lá parado.

O CDB tinha um período de permanência de três anos. E, quanto mais tempo deixasse lá, maior o retorno. O meu era indexado pela Selic, então acompanhava a taxa básica de juros do país e também me garantia segurança.

Já no título de capitalização, que eu fiz em 2008, eu pagava cerca de R$ 20,00 por mês e concorria a prêmios. Não tinha rendimentos e só era possível resgatar 100% do valor pago após cinco anos. Se fosse hoje, com minha atual consciência financeira, eu não faria isso, mas fazia muito sentido na época, porque eu estava começando a poupar, não conhecia produtos de investimento, não tinha metas mensais e guardava só o que dava. O débito acontecendo automaticamente da conta, mesmo sendo tão pequeno, me dava projeção de futuro.

Então, hoje, quando me perguntam sobre título de capitalização, eu digo que realmente não é um bom investimento, mas para aquelas pessoas que só conseguem comprar as coisas à base de boletos e carnês, guardar dinheiro assim (meio obrigado, pelo débito automático em conta) talvez seja uma das únicas formas de começar. Para quem compra bilhetes de loteria a vida toda também, porque com a capitalização ao menos é possível receber algo de volta, e com a loteria, não.

Indico? Não, mas também não condeno. Cada produto financeiro tem suas vantagens e desvantagens, o que vale é contratar o que melhor se encaixe em sua realidade e seus planos de vida. Naquela época, para a minha estratégia, funcionou muito bem.

E assim meu tostão furado foi ganhando volume, virou um montante. Em dois anos eu consegui acumular, com economias de salário e bônus, o equivalente a seis meses de gastos. O que hoje é conhecido como reserva de emergência, liquidez, segurança, para mim era só a garantia de que não passaríamos por tudo aquilo de novo.

Quando meu irmão recebeu seu primeiro salário de verdade, eu sentei na cama dele e o ajudei a fazer cálculos, e ali a gente definiu quanto ele guardaria por mês. Garoto aplicado, que seguiu o plano, e eu tenho um orgulho enorme do homem que ele se tornou — hoje ele investe na bolsa e também tem uma boa reserva!

3

POR QUE FALAR SOBRE DINHEIRO É UM GRANDE TABU?

A RELAÇÃO DOENTIA COM O DINHEIRO

POR QUE SERÁ QUE É TÃO DIFÍCIL ESTABELECER UMA RELAÇÃO saudável com o dinheiro? Eu me pergunto isso às vezes. Eu acho que o dinheiro é tão bom, pois viabiliza realizar desejos, nos tira de situações desagradáveis, amplia o horizonte de possibilidades, nos permite ser mais felizes, traz conforto e tranquilidade... É difícil entender a razão pela qual alguém teria uma relação ruim com esse potente catalisador de sonhos.

Ter dinheiro é bom! Não estou falando sobre milhões, bilhões, grandes fortunas. Estou falando sobre os tostões que a gente recebe e são usados para manter nosso padrão de vida e fazer acontecer nossos planos.

Se você não conseguiu compreender por que eu falo com tanto carinho sobre o dinheiro, está aí uma questão a ser analisada e talvez uma relação que precise ser desconstruída para ser reconstruída depois. Afinal, dinheiro e tabu parecem caminhar sempre juntos.

Suspeito que sei o motivo que atrapalha a relação das pessoas com dinheiro: **a sua falta**. O dinheiro é bom quando o temos! Quando nos falta, atribuímos a ele toda a nossa culpa e frustração. A gente repete frases do tipo "o dinheiro não traz felicidade", "falar de dinheiro é briga na certa", "o dinheiro é sujo", "odeio pagar boleto", "preferia que não existisse dinheiro no mundo", "quem é rico não é feliz" e tantas outras.

O fato é que o dinheiro é só um papel, uma moeda, uma cota, e às vezes nem isso, pois pode ser digital. O problema não é o dinheiro, mas sim a forma como lidamos com ele e nossas emoções. A responsabilidade pela falta de organização financeira ou pela falta de oportunidades e alternativas cai sobre o dinheiro toda vez que um plano não sai como o esperado.

Mas de onde vem isso? Por que pensamos assim?

Nós somos seres moldados por outros seres e pela sociedade em que estamos inseridos. Nós replicamos comportamentos e absorvemos hábitos. Nos desenvolvemos a partir de nossos pais, familiares, professores e amigos. E temos uma grande tendência a repetir suas atitudes e falas.

Quando olhamos mais para trás, para a história da humanidade, notamos que as guerras eram pautadas em poder e dinheiro. O controle sobre o outro e o acúmulo de riquezas, a qualquer custo, era doentio. À medida que o tempo foi passando, a forma de ordenar e influenciar foi mudando. Foi necessário abolir a escravidão e também instituir a democracia, ainda que saibamos que há muitos

| POR QUE FALAR SOBRE DINHEIRO É UM GRANDE TABU? |

resquícios sociais desse período, que é um dos maiores símbolos de poder de todos os tempos. O capitalismo ganhou espaço, à custa de mão de obra barata. E nós fomos moldados em meio a ditadura, hiperinflação e agora estamos em uma nova era digital.

Ainda que tenhamos que lidar com o fato de que há níveis diferentes de privilégios, esse histórico atravessa gerações e mancha a imagem do dinheiro. E atrapalha nossa relação com o que deveria ser um parceiro constante.

Se eu pudesse (e sinto que posso) te dar um conselho, seria: olhe ao seu redor, preste atenção a cada detalhe, tudo que está aí foi viabilizado pelo dinheiro. Todas as suas conquistas também. Se você estudou em escola pública ou privada, se teve o filho que sempre sonhou, se viajou em um fim de semana, se pôde salvar uma vida ou plantar uma árvore. Para cada uma dessas realizações foi necessário investimento financeiro, seu ou de terceiros. Quer a gente queira ou não, ele move o mundo e nos movimenta também. Enquanto continuarmos a pensar no dinheiro como algo ruim, será difícil observar ao redor tudo de bom que ele traz para nossa vida diariamente. E, mais que isso, vai ser complicado darmos passos adiante, para tentar gerar mais renda ou economizar nos gastos, se a gente não tiver carinho por nossos tostões, fruto de tanta dedicação.

Pare um minuto para pensar em tudo o que você já conquistou e sinta-se grato por isso.

Os jovens brasileiros e a educação financeira

Como agir corretamente diante do estranho e desconhecido, quando estamos acuados?

Você escuta no rádio e depois vê na internet que existe um novo produto financeiro de baixo risco e alto rendimento. Parece ótimo, você se interessa e então contata a instituição financeira para questionar sobre como fazer o investimento ainda hoje. Eles te explicam tudo e dizem que vão te encaminhar a lâmina do investimento para você analisar e tomar a decisão. Você ouve a palavra *lâmina* e parece não ter muito sentido, você recebe um arquivo em seu e-mail e trava. "E agora, o que fazer com isso? Que informação deste relatório é relevante? Vou perder todo o meu dinheiro? Melhor deixar pra lá, na poupança tá seguro."

Em situações assim a gente age pelo instinto, pega o caminho mais fácil. Não tem razão que consiga vencer o medo daquilo que ainda não aprendemos. A hipótese de perder nos impede de pensar e agir racionalmente; a vergonha por não ter conhecimento também. E essa é uma das razões pelas quais a gente erra, perdendo uma ótima oportunidade de acertar.

POR QUE FALAR SOBRE DINHEIRO É UM GRANDE TABU?

Buscar conhecimento é o que impulsiona a sociedade para a frente, e é assim desde o início dos tempos: a curiosidade por novas tecnologias, jeitos diferentes de fazer as mesmas coisas e informação a todo instante são o que nos impulsiona. Estamos em constante evolução, aprendendo um dia após o outro. Mas há áreas do conhecimento com as quais a gente se identifica mais. Algumas pessoas se destacam em artes, outras em ciências, economia, culinária e medicina. Não somos bons em tudo. E o fato de não termos recebido incentivo e instrução sobre finanças pessoais durante a infância e a adolescência tem atrapalhado muito as nossas decisões na fase adulta. E nos afeta tanto que muitos de nós nos endividamos logo que recebemos o primeiro salário.

Segundo o IBGE, em maio de 2019, 47% da população entre 20 e 29 anos estava inadimplente. No mesmo período, o SPC apontou que 75% dos jovens entre 18 e 24 anos não se preparam para a aposentadoria e 47% deles não fazem qualquer controle de orçamento, por desconhecimento, preguiça, falta de hábito ou disciplina.

Começar a vida adulta com o nome sujo atrapalha demais o desenvolvimento de qualquer pessoa. Muitas vezes impede o acesso ao crédito, ao estudo e ao emprego. Conforme as dívidas vão se acumulando, diminuem a autoestima e o autocontrole. Aumentam a frustração e o impulso de consumir. Essa bola de neve, se não controlada a tempo, pode rolar até a velhice. Exemplos disso não faltam, quando vemos tantos idosos com as finanças enroscadas, com as pensões e as aposentadorias consumidas por consignados.

Por isso, é necessário ter calma e ficar em alerta. Ainda não chegamos ao fim da linha. As decisões tomadas daqui em diante serão de suma importância para que você consiga migrar da situação atual, independentemente de qual seja, para uma mais confortável. Porém, não sem algum esforço!

Não existe nada que venha de graça, não há recompensa sem dedicação. Mas te garanto que os pequenos "nãos" de hoje serão o grande "sim" de amanhã. E uma relação de amor com dinheiro é sinônimo de prosperidade financeira!

Autocontrole: existe?

Se autocontrole existe? Ele é meu nome do meio!

Eu sempre pratiquei o autocontrole, tenho pouquíssimas lembranças de momentos de impulso. E, pensando aqui, até com comida eu sou assim, sou dessas que costumam deixar a parte com mais recheio do bolo para o final, para ficar aquele gostinho bom na boca. Pode ser que esse instinto de adiar gratificações sem dor já esteja em mim, talvez seja algo que veio de brinde. Mas te garanto que, se é algo que deseja estimular, com um pouco de força de vontade, persistência, dedicação e disciplina você também consegue.

O que acontece é que somos tão incentivados a ter tudo de imediato, aqui e agora, que parece não haver razão ou qualquer sentido em esperar para comprar qualquer coisa. Se eu posso ir a um restaurante hoje e passar no crédito para pagar mês que vem, por que não ir? Se eu quero comprar um tênis e posso parcelar em cinco vezes no cartão, por que não comprar?

É tão óbvio que parcelar tudo em várias vezes com valores pequenos torne possível comprar um monte de coisas agora, que pode soar ofensivo dizer que você precisa esperar cinco meses para juntar as cinco parcelas do tênis que está querendo comprar. Eu sei.

Só que esse não é o meu ponto. Ufa!

Comprar a crédito ou parcelar não é ruim. Esses são meios de realizar pagamentos e são bons e efetivos. O problema é não calcular a sua verdadeira capacidade de pagamento e se apertar para pagar as faturas, não lembrar o que comprou meses atrás e já estar na sétima parcela. Ou, ainda pior, se endividar, gastando tudo que recebe, e não poupar nada, nem para momentos de imprevistos, nem para comprar as coisas maiores e mais caras que não podemos passar no cartão.

Sabe aquele apê dos sonhos? Sem uma boa renda comprovada e descomprometida de dívidas, e ao menos 20% do valor de entrada, ele não poderá ser seu.

Nós nos pegamos tão preenchidos pelo consumo imediatista que esquecemos que os objetivos mais caros, como um imóvel, não podem ser parcelados no cartão de crédito. E, quando percebemos isso, já estouramos o limite com vários itens pequenos e insignificantes, e o sonho de ter seu próprio canto acaba ficando cada vez mais distante.

Entende qual é o problema em comprar tudo que tem vontade aqui e agora? É que isso fará com que você talvez não possa comprar aquilo que mais precisa hoje nem amanhã!

Seja por ter a renda comprometida, restrições no nome, nenhuma reserva ou baixa capacidade de absorver mais uma despesa.

Gastar como se não houvesse amanhã, quando o que a gente mais quer é viver por muitos anos, é uma péssima ideia. O resultado dessa ação é uma vida de privações, perrengues, favores devidos e muitos juros a pagar. Realizações instantâneas nos fazem felizes apenas durante aquele instante, mas muito rapidamente são esquecidas — e pesam toneladas nas nossas costas quando nos encontramos arrependidos e vulneráveis.

Autocontrolar-se, sabendo pautar o que é desejo e o que é necessidade, fará uma enorme diferença na sua vida e nas suas relações.

Imagine o que é viver em meio a impulsos repentinos e compulsões sem controle. Reflita sobre o quanto deve ser difícil querer algo sem nem saber o porquê.

O consumismo sem controle chega facilmente a esse estágio, porque é uma fuga rápida para situações de tédio, tristeza, desânimo, euforia etc. Se estou mal, e comprando me sinto melhor, é muito provável que repita a compra sempre que me sentir dessa forma. E as consequências para a vida financeira e a saúde emocional são imensuráveis.

O consumismo pode atingir a todos, mesmo se apresentando de formas diferentes. Já ouviu casos em que o marido reclama que

| POR QUE FALAR SOBRE DINHEIRO É UM GRANDE TABU? |

a esposa chega sempre com uma sacola de loja em casa? E já reparou que esse mesmo marido é apaixonado por carro, vai à funilaria sempre que surge um arranhão e procura trocar o carro a cada dois anos para não desvalorizar? Se você também já viu um caso como esse, vai concordar comigo que o consumo desmedido depende muito do ponto de vista.

Comprar blusinhas sempre que passa na frente de uma loja é consumismo, é impulso, é gratificação imediata. Mas o custo de cuidar exageradamente de um veículo e trocá-lo frequentemente por modelos mais novos e mais caros pode prejudicar da mesma forma, ou até mais, um orçamento. E pode também ser considerado consumismo, já que trocar o carro a cada dois anos, está mais do que comprovado, só alimenta a indústria, pois esse é o período de maior desvalorização de um veículo zero-quilômetro.

Algumas pessoas fazem isso com consciência, outras não, mas no geral quase todas usam justificativas para consumir o que querem sem culpa.

E aí, onde fica o autocontrole? Nas decisões do dia a dia, quando você coloca em perspectiva todos os seus objetivos pequenos e grandes e percebe que precisa abrir mão de algo menos relevante, para que o plano tão sonhado possa virar realidade. A escolha é mais fácil do que se imagina, se você tem uma listinha de objetivos com prazos determinados. Então, fica a dica, faça uma lista.

TOSTÃO FURADO POR MARI FERREIRA

O consumo por culpa e as gratificações imediatas

A gente se mete em cada cilada sem perceber! Você já parou para pensar em quantas vezes deu um presente para alguém ou comprou um docinho para uma criança só por se sentir na obrigação? O nome disso é culpa!

Se você é mãe ou pai, vai me entender em um instante. Afinal, passar o dia trabalhando e não ter um tempo de qualidade com os filhos afeta a saúde emocional dos pais. Assim, é gerada a sensação de culpa, por achar que está se dedicando pouco e terceirizando demais o cuidado e a educação.

O mesmo acontece com aqueles amigos que a gente ama mas que não consegue encontrar nunca, pois sempre surge um imprevisto que nos obriga a cancelar até os *happy hours* por chamada de vídeo.

A culpa vem, e logo pensamos em um jeito de recompensar nossa ausência. A primeira ideia é dar um presente! Muitas vezes, fora de época e, muitíssimas vezes, sem consultar se o orçamento do mês permite esse alívio de culpa (*ops*, esse mimo). Sim, esse presente é o seu filho ou sua amiga que vai ganhar, mas ele significa mais para você do que para eles, e é por essa razão que é tão difícil cortar ou reduzir os gastos com presentes nas planilhas financeiras.

Quando você diz que pode ficar sem um sapato novo mas sua filha não, é sua culpa gritando dentro da cabeça, implorando para você comprar logo o sapato e aliviar o peso da consciência.

| POR QUE FALAR SOBRE DINHEIRO É UM GRANDE TABU? |

A culpa está relacionada a vários fatores. Citei a falta de tempo como um exemplo, mas pode ser também a falta de grana, a ausência de um dos pais, uma deficiência, questões culturais, de raça, religião, entre outros fatores. O fato é que ela está presente na maioria das relações e no nosso relacionamento com a gente mesmo também. Às vezes a baixa produtividade, a insatisfação com o corpo, com o trabalho ou com o parceiro trazem à tona a sensação de culpa. E com ela vem uma necessidade súbita de ter alguma gratificação. Sabe aquele chocolate no fim da tarde, depois de um dia estressante de trabalho? É a tal gratificação, é o "eu mereço". Você se recompensa por ter vencido mais um dia. Eu mesma já fiz muito isso. É algo que acontece natural e involuntariamente, e quando a gente vê o chocolate acabou e já estamos mais calminhos (recompensados).

O problema das gratificações imediatas é que não demora muito para que se perca o controle. Como é uma ação impulsiva e a satisfação dura pouco tempo, muitas vezes só nos damos conta dela quando já passou, e sempre há o risco de perder a mão e só perceber quando já é tarde demais. Porque pode também se tornar uma compulsão e nunca ser suficiente.

O exemplo do chocolate é pequeno quando se coloca em perspectiva tudo que pode ser comprado com cartão de crédito em um momento de impulso. Acredite: o autocontrole, de que estávamos falando agora há pouco, precisa estar presente na nossa rotina.

Um exemplo de autocontrole *versus* gratificação imediata é o Teste de *Marshmallow*, feito pela primeira vez em 1970, por Walter

Mischel e Ebbe B. Ebbesen, na Universidade Stanford, com aproximadamente seiscentas crianças entre 4 e 6 anos de idade.

O teste era simples: um instrutor levava uma criança por vez para uma sala fechada, onde havia apenas uma mesa e uma cadeira. Colocava um *marshmallow* na frente dela e dizia que, se a criança esperasse até que ele voltasse (quinze minutos depois) para só então comer, ela ganharia mais um *marshmallow*; porém, se comesse antes, não ganharia outro depois.

O resultado foi que bem poucos comeram imediatamente, a maioria tentou esperar, porém apenas cerca de um terço das crianças conseguiu resistir até que o instrutor voltasse com outro *marshmallow*.

O estudo seguiu acompanhando essas crianças até a meia-idade e mais análises foram feitas, demonstrando, por exemplo, que aqueles que conseguiram resistir mais tempo tiveram melhores notas em testes escolares e mais sucesso ao longo da vida. Muitos outros experimentos foram realizados a partir desse e trouxeram novos pontos de vista, mas é interessante refletir sobre como o autocontrole, desde a infância, é capaz de determinar quanto confiamos nas pessoas, se somos mais ou menos suscetíveis a compulsões e se conseguimos ou não resistir a tentações imediatas.

Na nossa vida cotidiana, esses impulsos podem atrapalhar em diversos aspectos, mas o financeiro, em especial, gera uma grande carga de responsabilidade e consequências. Como não tivemos educação financeira na infância, nem na adolescência, e só agora

POR QUE FALAR SOBRE DINHEIRO É UM GRANDE TABU?

estamos nos conscientizando da importância do tema, não devemos carregar a culpa de fazer uma má gestão financeira, mas também não podemos nos livrar da culpa através do consumo desmedido.

A velha pergunta "quero ou preciso?" tem que fazer parte dos nossos processos decisivos. Apenas quando conseguirmos administrar nosso impulso de consumo os planos financeiros darão certo. Enquanto isso não acontece, sempre haverá uma geladeira que precisa de conserto ou um chuveiro queimado para desestabilizar seu orçamento, já comprometido com o consumismo imediatista.

O seu salário é uma informação confidencial, não o revele a ninguém

Você já viu essa frase em algum lugar? Já se pegou tentando disfarçar para alguém qual sua renda? Já teve curiosidade de saber a renda de outra pessoa? E na hora da entrevista de emprego, quando perguntam a pretensão salarial, você congela?

Ninguém gosta de falar sobre salário. Quem recebe um salário alto costuma ter medo de se expor, de parecer rico e alguém pedir dinheiro emprestado. Quem tem salário baixo acaba sentindo vergonha e não quer que os outros saibam.

Mas tudo isso tem uma explicação que não é puramente financeira: a desigualdade social. Em países em desenvolvimento, como o Brasil, a desigualdade é muito grande e faz com que as pessoas sintam sempre um receio de serem julgadas a partir de sua renda mensal. Inclusive, se formos considerar o período de escravidão, em que os negros não recebiam nada pelo trabalho e depois, com a abolição da escravidão, começaram aos poucos a ser pagos, fica claro o motivo pelo qual não se falava em salário. Um negro com oportunidade de trabalho e remuneração não recebia o mesmo valor que um branco na mesma posição de trabalho, mas era melhor que ele não soubesse disso.

Parece absurdo ler algo assim, e é mesmo, mas ainda hoje isso acontece. Lembra que eu disse no primeiro capítulo que negros recebem apenas 60% da renda dos brancos?

Herdamos essa injustiça social e continuamos praticando-a naturalmente, sem fazer nada para mudar. Afinal, você já parou para pensar que talvez sua colega de trabalho negra possa ter um salário menor que o seu, mesmo exercendo a mesma atividade?

Como saber disso e mudar o cenário, se não temos entre nós conversas sobre dinheiro, não é mesmo?

Um dos fatores responsáveis por isso atualmente é a falta de diálogo entre as pessoas, que seguem o tabu imposto pela sociedade, gerando falta de atitude.

O que eu tenho feito pra mudar isso é ser aberta quando o assunto é dinheiro. Eu conto o preço de coisas que compro, quanto guardei por mês para atingir um objetivo, qual o valor da minha hora de trabalho e qual foi meu primeiro e último salário. Com

POR QUE FALAR SOBRE DINHEIRO É UM GRANDE TABU?

isso eu abro espaço para a comparação. Talvez também para o julgamento e a opinião de pessoas com hábitos de consumo diferentes, com rendimentos variados. Mas tudo bem, pois somos diversos, e enquanto nos prendermos nessa bolha do sigilo e não procurarmos ter conversas saudáveis sobre dinheiro, jamais saberemos fazer a gestão ideal de nossos tostões.

- **O que é um salário alto?**
- **Quanto é um salário baixo?**
- **Com o que ou a quem estamos nos comparando?**

Você já parou para pensar nessas perguntas?

Quero que você se imagine na seguinte situação: sua prima, em quem você se espelha, que tem um carro melhor que o seu e parece ter um supersalário, talvez esteja endividada, com cartão de crédito estourado e licenciamento atrasado. Talvez ela só esteja viajando c postando tanto nas rcdcs sociais porque não consegue aceitar a realidade. A bola de neve só cresce, mas ela tem mantido as aparências e você sonha em ter essa vida.

E aí você, que se espelha nela, sente-se mal por estar conseguindo guardar só 10% da renda, fazer apenas uma viagem no ano e ter um rendimento tão pequeno que dá vergonha de falar sobre ele.

Agora imagine só se vocês falassem abertamente sobre gestão financeira. Você não estaria se sentindo inferior por querer alcançar um padrão que é fictício, e ela não precisaria carregar a culpa e se enrolar para manter as aparências de uma vida perfeita. Veja como seria diferente: você poderia ajudá-la a se organizar, priorizar o que é mais urgente e quitar as dívidas e, ao mesmo tempo, se orgulharia de estar entre os 32% da população que conseguiu fazer alguma economia em 2020 (segundo pesquisa da Confederação Nacional da Indústria — CNI).

Esse é um exemplo clássico de espelhamento. Às vezes a gente só quer usufruir do dinheiro da mesma forma que o outro, e deixa de pensar que as realidades são diferentes e nem todos que estão mostrando o que têm realmente possuem condições financeiras de arcar com custos tão altos.

Dinheiro em família: Qual é a responsabilidade de cada um?

Um casal ou uma família que não tem diálogos sobre a vida financeira vive no escuro.

Já atendi dezenas de casais em consultorias de planejamento financeiro, e o que mais escuto é que cada um faz sua própria administração das finanças. Eles pagam algumas contas em comum, e

| POR QUE FALAR SOBRE DINHEIRO É UM GRANDE TABU? |

o restante usam como desejam. Eu não os julgo, não vou dizer se está certo ou errado, porque cada um tem seu próprio jeito de cuidar do planejamento pessoal. Mas é importante saber que algumas divisões precisam ser proporcionais e que o valor da "sobra" deve ser discutido, para que possam fazer planos futuros em conjunto e não viver à base de pagar boletos.

O que eu quero dizer com divisões proporcionais está no seguinte exemplo: João tem um salário de R$ 5 mil; Ana tem uma renda de R$ 3 mil. As despesas em comum, como moradia, alimentação, transporte e lazer somam R$ 4 mil ao mês. A conta seria fácil se cada um pagasse R$ 2 mil. No entanto, assim Ana ficaria com apenas R$ 1.000,00 livres para todas as suas despesas com saúde, vestimenta, autocuidado, educação e uma parte para investir, enquanto para João sobrariam R$ 3 mil para usar com as mesmas despesas pessoais. A divisão parece justa?

Por um lado, pensando na individualidade deles, talvez sim. Cada um se vira com sua realidade financceira.

Porém, se formos pensar nos planos em comum que eles têm, essa diferença de renda sempre vai atrapalhar, porque Ana não vai conseguir pagar um pacote de viagem de férias do mesmo nível que João. Na hora de comprar um carro, ela não terá economias suficientes para colaborar com o mesmo valor. E o padrão de vida dela será alterado para além de suas possibilidades, se houver uma cobrança para que sempre dividam igualmente.

Ana, vivendo sozinha com a mesma renda, não poderia morar

em um apartamento tão caro, talvez não tivesse um carro para pagar e sua prioridade fossem os estudos. Isso significa que, nesse exemplo, ela está elevando seu padrão para se adaptar à realidade de João.

Agora, se João não quiser baixar seu nível, viver em um lugar mais simples e andar de transporte público (para se adaptar ao orçamento de Ana), precisará encontrar um equilíbrio.

Em outras palavras, em uma relação as prioridades mudam, as pessoas se adaptam e as contas precisam também se adequar, de forma que seja encontrado um padrão que sirva bem para ambos.

Para esse caso, eu tenho duas sugestões: a primeira, para casais que desejam manter a individualidade o máximo possível, é que contribuam com partes equivalentes à renda de cada um. A renda de João é 67% maior que a renda de Ana. Então, ela poderia contribuir com 33% do valor das contas (R$ 1.320,00) e João com 67% (R$ 2.680,00). Com essa divisão, a sobra ainda será desproporcional, ele terá R$ 640,00 a mais que ela para usar todos os meses. Eles terão poder de consumo e capacidade de investimento diferentes. Mas é um caminho. É algo que ambos devem decidir, conversar a respeito e refletir se estão confortáveis com a divisão e as consequências dela a longo prazo, tanto para os planos financeiros, quanto para a relação.

A segunda sugestão é que se somem as rendas para pagar as contas e que ao final sobre exatamente o mesmo valor para cada (R$ 2 mil). E que juntos decidam o que fazer com esse valor, seja gastar e poupar individualmente quanto quiserem, ou separar uma parte fixa para investirem nos planos pessoais e em conjunto.

Eu ficaria com a segunda opção, teria um valor fixo para investimentos e usaria com sabedoria o restante.

Essa é a teoria, mas na prática nem sempre funciona tão bem, porque as pessoas não se comunicam abertamente e têm perfis diferentes. Eu espero que você tome nota desses ensinamentos e tente aplicá-los na sua rotina — eu aprendi do jeito mais difícil e não quero que você passe por isso.

Converse com seu parceiro, mostre este trecho do livro para ele e explorem juntos todas as possibilidades. O que não aconselho é cada um manter um padrão totalmente diferente do outro, porque muitos conflitos surgem a partir dessa situação.

Vou dar um exemplo pessoal do início de minha fase adulta.

Em um relacionamento passado, um ex-namorado achava que eu tinha um salário alto (mesmo sem saber quanto era), então ele passou a sacar todo o seu salário e a andar com o dinheiro na carteira para aparentar que sempre tinha muito. Ele também me dizia ter um salário maior do que recebia de verdade, ter ganhado um carro ao completar 18 anos, entre outras histórias. Por fim, após um ano e meio de relacionamento, ele me contou a verdade, que ainda estava pagando o carro financiado e que recebia cerca de 30% menos que eu. É nessas horas que os padrões da sociedade se apresentam e fazem com que muitos homens se sintam inferiores, forçados a mentir para garantir sua postura de provedor.

Ter um rendimento menor que o meu não seria um problema, já que quase todo o meu salário era destinado a ajudar minha família e que juntos gastávamos bem pouco.

O problema surgiu quando planejei comprar um imóvel. Eu queria visitar apartamentos decorados e ele se negava a ir junto. Eu já tinha algumas economias, algo como R$ 15 mil, mas ele não tinha nada guardado, por estar vivendo uma vida de aparências. A relação acabou não durando muito mais tempo, pois a falta de transparência pesou.

É triste pensar que assim terminam tantos outros relacionamentos. A falta de diálogo mina a confiança e a idealização de um futuro saudável juntos.

É por isso que hoje eu foco muito na Comunicação Não Violenta (CNV) — uma forma empática de se comunicar e de se abrir à escuta ativa, que nos leva por um caminho em que a vulnerabilidade é nossa maior força, por ser capaz de nos ajudar a resolver inúmeros conflitos, através de cooperação, parceria e empatia. Indico fortemente a leitura do livro de mesmo nome, de Marshall B. Rosenberg, que mudou drasticamente minha forma de me expressar, me deu a compreensão sobre o não julgamento e melhorou minhas relações.

Hoje tenho um relacionamento saudável com meu atual namorado e fazemos a gestão de nossas finanças com muita honestidade. Brigar por dinheiro é algo que nunca sequer passou pela nossa cabeça, e a CNV nos ajuda a não discutirmos por outras coisas também, já que tudo pode ser contornado com uma comunicação aberta e acolhedora.

POR QUE FALAR SOBRE DINHEIRO É UM GRANDE TABU?

▶ Seu planejamento começa aqui:

Para iniciar a prática, aproveite as ideias que passaram pela sua cabeça enquanto lia este capítulo e escreva aqui. Reflita também sobre tudo que já conquistou, quais ações irá tomar para se controlar melhor e para eliminar esse tabu da sua vida. Ao longo do livro, você terá mais espaços como este para se dedicar ao seu planejamento financeiro pessoal. Use todos!

4

VIVER COM O QUE EU RECEBO E SONHAR. ISSO É POSSÍVEL?

O DIREITO DE SONHAR

COMECEI A TRABALHAR AOS 18 ANOS, E MESMO A CONSCIÊNCIA financeira limitada que eu tinha já me mostrava um caminho de prosperidade. É incrível lembrar disso agora, mas eu estava bastante segura de que tudo ia dar certo. Talvez tenha sido a confiança dos adolescentes de que estão sempre certos. Mas algo em mim dizia que o plano era bom: ter um trabalho ok, sem grandes expectativas de crescimento, que pagasse o suficiente para eu investir na minha carreira... Bem, você já conhece essa história, e deu tudo certo mesmo! Só que é importante lembrar que o direito de sonhar não é concedido a todos.

Recebi muito incentivo! Eu estava inserida em um meio em que a falta de recursos financeiros não atrapalhava meu desenvolvimento intelectual. Sempre fui uma das melhores alunas da escola, aprendi a falar inglês com o apoio de músicas internacionais, filmes legendados e uma professora maravilhosa, que via potencial em mim. Também desenvolvi a habilidade de escrever bem nas aulas de português e de ter raciocínio lógico com os professores de matemática.

Falando em ensino médio, naquela época eu era muito ligada em séries e músicas, e tinha um cantor de *rap* nacional que era meu ídolo. Obstinada desde sempre, eu decidi que iria conhecê-lo.

Nós tínhamos um computador de tubo em casa, com acesso à internet discada, e só podíamos usá-lo nos horários em que se cobrava apenas um pulso (momento nostalgia).

Como uma boa investigadora, encontrei o e-mail pessoal dele em um *site* em que ele havia postado uma música e lhe escrevi. Para minha total surpresa, ele respondeu! A partir daí fomos nos comunicando, até que ele me convidou para ser presidente de seu fã-clube! Eu, com 16 anos, já fazia gestão de várias páginas de comunidades dele no Orkut, sabia de tudo em primeira mão, ajudava com a produção dos textos, era conhecida pelos fãs, por outros *rappers*, e nos tornamos amigos virtuais. Tinha muita responsabilidade envolvida, apesar de não ser um trabalho, e eu aprendi demais nesse período de três anos em que fiquei à frente do Fã-Clube Oficial Cabal.

Por falar em realização de sonhos, esse talvez tenha sido o primeiro que realizei — não foi um sonho financeiro, e eu só o vi pessoalmente três vezes, em pequenos *shows* de matinê gratuitos. Mas essa passagem elevou minha autoconfiança, me preparou para lidar com situações diversas e mostrou que eu poderia chegar muito mais longe. E é sobre isso que eu quero tratar neste capítulo: o direito de sonhar e acreditar que pequenas ações podem, sim,

VIVER COM O QUE EU RECEBO E SONHAR. ISSO É POSSÍVEL?

ter consequências extraordinárias. Desde se tornar amiga de seu ídolo, até conquistar a liberdade financeira.

A mágica dos tostões no fim do mês

O dinheiro não sobra!

Não se deixe enganar. Com salário de R$ 1.000,00 ou R$ 20 mil, se você não fizer um bom planejamento financeiro, vai arranjar inúmeras formas de gastar seus tostões, sem que dê tempo sequer de pensar em guardá-los. Isso porque o padrão de vida aumenta conforme a renda cresce. Quer um exemplo?

O apartamento alugado de 40 metros quadrados ficou pequeno demais, porque decidimos adotar três pets, dois cachorros e um gato. Por isso tivemos que comprar uma casa com quintal para que eles tivessem mais espaço. Ficar sem carro, trabalhando longe na nova empresa, se tornou inviável, e um carro antigo exige manutenção demais, então comprar um carro zero-quilômetro

> foi inevitável. As primeiras férias depois de tanto tempo precisam ser memoráveis; afinal, chegamos tão longe, nós merecemos realizar esse sonho — vamos passar um mês viajando pelos Estados Unidos. Voltar a estudar era tudo que eu queria, mas não vou fazer meu MBA na mesma instituição onde fiz minha faculdade; se eu tiver um certificado da melhor universidade privada do país, posso até receber uma promoção. Com a gravidez, tivemos que montar um quartinho para o bebê, então aproveitamos para reformar a casa toda.

Pronto, o casal desse exemplo gastou facilmente um salário de R$ 20.000,00 e ainda parcelou a viagem em dez vezes no cartão de crédito e se endividou com a reforma.

Deu para notar que, independentemente do salário, não dá pra confiar que sempre vai sobrar dinheiro? É por isso que a gente precisa se pagar primeiro, separar um valor para guardar e investir todo mês. Pode ser um valor fixo, caso você tenha salário e despesas bem parecidos todos os meses. Ou pode ser um valor variável, caso seus recebimentos e gastos sejam flutuantes. Para esse caso, é importante que seja feito o cálculo de gastos e recebimentos mês a mês, inclusive projetando os meses seguintes, para saber qual é o potencial de economia daquele período. Mas, claro, é fundamental se esforçar para seguir certinho o que foi predefinido.

O cálculo é simples: **renda** menos **despesas** igual ao **potencial de economia**.

Alguém com renda de R$ 2.000,00 e gastos de R$ 1.800,00 faria o cálculo assim:

$$R\$ \ 2.000,00 - R\$ \ 1.800,00 = R\$ \ 200,00$$

E essa sobra, chamada de potencial de economia, é o que deve ser poupado no mesmo instante em que o salário é creditado na conta, para não correr o risco de gastar sem necessidade. Mas é bom frisar que no cálculo de despesas do mês você precisa inserir tudo, não apenas as despesas fixas, senão jamais vai funcionar e você terá que recorrer à sua reserva mensal logo no primeiro mês, ficando com aquela sensação de que não adianta guardar dinheiro e que ele nunca dá para nada. Se for possível fazer alguma redução, mesmo que esteja sobrando algo, eu indico que o faça, assim terá um potencial de economia maior.

Quando conseguir deixar seus ricos tostõezinhos investidos por um tempo, você vai perceber que eles aumentaram. É a mágica dos juros compostos começando a acontecer: quanto mais tempo o dinheiro fica aplicado, mais ele rende. E te garanto que é uma delícia olhar seus investimentos todos os dias e sempre ver um pouquinho a mais, mesmo que sejam centavos em um primeiro momento, mas é rendimento, e está ótimo! E com o tempo o valor vai se multiplicar! Vale tanto a pena que, se você soubesse disso antes, agora já estaria contabilizando qual foi o lucro do período.

Mas espere aí, que seu potencial de economia pode ser negativo! Sim, pode ser que você esteja gastando mais do que recebe, e aí não tem como guardar sem fazer mudanças.

Se for esse seu caso, a prioridade é economizar, analisar para onde seu dinheiro está indo, se todos os gastos fazem sentido, se há como reduzir alguma despesa fixa ou abrir mão de alguma despesa variável e extra. Investir é o segundo passo; primeiro é preciso mexer nos gastos para fazer sobrar. E olha, é importante dizer que o dinheiro não sobra sozinho e ele não se gasta sozinho também, então não vai dar para você fugir de olhar os números. Encare isso já: quanto antes você fizer uma análise financeira, mais cedo começará a investir!

Uma pesquisa do Datafolha apontou que, em 2020, 46% das pessoas informaram que preferem nem olhar para o próprio dinheiro, por acreditar que estão fazendo algo errado. E 49% evitam, inclusive, pensar em dinheiro para não ficarem tristes. Por isso eu destaco a necessidade de olhar para as finanças com mais carinho e determinação, porque realmente é preciso ter uma visão do todo para decidir como agir corretamente.

VIVER COM O QUE EU RECEBO E SONHAR. ISSO É POSSÍVEL?

Organizar: essa é a palavra-chave

Vamos colocar as cartas na mesa. Ou melhor dizendo, as contas!

Como em qualquer arrumação, primeiro temos que olhar para a bagunça e decidir por onde começar.

O caminho mais fácil é unir todas as contas fixas e somá-las. Aqui entram parcelamentos de empréstimos, financiamentos, mensalidades de escola, academia, seguro, assinaturas, planos de TV, internet e celular, caso não variem de valor. Tudo que precisar ser pago mensalmente e tiver um valor idêntico entra nas despesas fixas.

Nas variáveis ficam as despesas mensais que mudam de valor a cada mês, como supermercado, restaurante, água, energia, transporte, ajuda a familiares, medicamentos, salão de beleza e barbearia. Depois de calculadas entre si, some com o total de despesas fixas.

Por fim, mas não menos importante, as despesas extras e temporárias. Elas não estão lá todo mês, mas podem desequilibrar até um orçamento perfeito. Como reforma da casa, compra de móveis, vestimenta, festa, presentes, multas de trânsito, conserto de veículo e imprevistos. Esses são só alguns exemplos de gastos extras que fazemos e não calculamos corretamente na maior parte das vezes, muito impulsionados pelo otimismo de que no mês que vem daremos um jeito.

Vejo até bastante gente calcular de forma avulsa o custo de uma festa ou reforma, porém, se não forem levadas em consideração as despesas fixas, variáveis e as extras que podem surgir, a chance de se endividar será grande.

É por isso que, após somar todas as despesas do mês atual, você precisa planejar as despesas dos próximos, projetando o orçamento.

Com os gastos fixos não há dificuldade, porque todo mês o valor é igual. Para os gastos variáveis mensalmente, é importante estipular uma média. Minha sugestão é que você veja quanto gastou em cada item nos últimos três meses e use essa média para as projeções futuras.

O cálculo da média pode ser feito da seguinte forma, como no exemplo:

Para os gastos extras e temporários, você também pode prever uma média, mas aqui a ideia é planejar quais serão as despesas desse tipo nos próximos meses, colocando metas de valores para cada item, e decidir se será necessário reduzir ou abrir mão de algo

VIVER COM O QUE EU RECEBO E SONHAR. ISSO É POSSÍVEL?

para que você consiga, por exemplo, começar a montar sua reserva financeira ou fazer uma viagem de férias em família.

Imagine só, você pesquisou e viu que um apartamento na praia por cinco dias custará R$ 1.000,00 e calculou que para locomoção e alimentação mais R$ 1.000,00 já serão suficientes. Se essa viagem for planejada para daqui a quatro meses, seria importante já liberar esses R$ 500,00 mensais do seu orçamento para garantir que aconteça. Do contrário, talvez você desista de viajar por não ter o dinheiro, ou faça um empréstimo para custear tudo. Nesse caso, se em quatro meses você não conseguir se organizar para guardar nada e optar pelo empréstimo, a parcela pode entrar em um orçamento já apertado, que o fará abrir mão de algumas coisas que não havia previsto, com um detalhe: o custo total da viagem será maior, porque você estará pagando os juros também.

É por isso que nenhuma compra por impulso ou uma realização imediata valem tanto a pena quanto a mesma compra e a mesma realização planejadas! Talvez a viagem da praia possa durar um dia a mais, só porque você conseguiu otimizar o orçamento e poupou uns tostões que seriam gastos com bobagens.

Você viu que não precisa de muito para organizar as contas, é só vontade e coragem de encarar os números e disposição para planejar os próximos passos.

Vai dar certo trabalho? Sim, vai!

Dependendo de como você já se organiza hoje, pode levar algum tempo para juntar todas as contas, separar e somar os itens do cartão de crédito etc. Mas vai valer a pena. Meus clientes têm exatamente essa tarefa nas primeiras consultorias e voltam para as sessões seguintes boquiabertos com a própria realidade financeira. Eles demonstram um superentusiasmo em mudar as coisas depois de ter essa visão das contas atuais e futuras. Por isso, quero muito que você faça também sua projeção de orçamento — pode ser em papel ou planilha, como você se sentir melhor. Mas não deixe para depois, pois quem planeja hoje realiza muito mais, e você merece isso.

Um sapato, um sonho

Alguém já comentou algo negativo sobre suas roupas, ou sobre a falta de algum móvel na sua casa?

Um comentário assim é bem desagradável!

Não tem outra forma de descrever, a gente pode disfarçar, fazer uma piada, mas no fundo isso incomoda e causa vergonha. E esse incômodo muitas vezes é expressado através de justificativas do tipo "era a única roupa limpa", "comprei, mas ainda não chegou", "gosto desse estilo mais *clean*", "só vi depois que saí de casa" e tantas outras.

Isso já aconteceu algumas vezes comigo. A primeira que me lembro foi aos 18 anos. Eu trabalhava todos os dias com o mesmo tamanco, e a chefe perguntou se eu não sentia frio nos pés por usar um sapato aberto no inverno. Minha resposta foi uma desculpa, eu disse que não, que eu gostava daquele sapato.

Um tempo depois, novamente me questionaram sobre o que calçava. Dessa vez eu já estava mais esperta, o tamanco já tinha se desfeito pelo uso e eu tinha um novo sapato, uma rasteirinha prateada, que comprei por uns R$ 20,00. Era com ela que eu trabalhava todos os dias. Ao ser questionada pelo chefe sobre a razão pela qual eu estava indo todo dia com aquele sapato (inadequado para o ambiente de trabalho), eu tive coragem e respondi: "É o único que eu tenho!". E falei sem vergonha alguma, acho que até com certo tom de ironia e descrença de estar sendo questionada sobre isso. Ele continuou insistindo no assunto e eu concordei em comprar um sapato fechado quando recebesse o próximo salário.

Nessa época, eu via minhas amigas comprando todo mês um par daquelas sapatilhas com cheirinho de *tutti frutti* — e era meu sonho comprar uma também! Mas, como não cabia no meu orçamento, comprei uma réplica, da marca concorrente, por uns R$ 15,00. Não durou muito, não era tão bonita nem tinha aquele cheirinho, mas era aquela que eu podia pagar. Foi o que eu decidi que poderia gastar.

Aqui vale ressaltar que não era porque eu não tinha nenhum tostão, e sim porque isso estava fora dos meus planos e eu não aceitava ceder ao que tentavam me impor como necessidades que não eram minhas. Eu já pagava as contas da família, faculdade, o empréstimo da casa, entre outras despesas menores, então comprar sapatos não era minha prioridade, tinha coisas muito mais importantes com que me preocupar.

Com o passar do tempo, comprei algumas roupas e sapatos para mim e minha família. Pude comer no shopping, fiz viagens e tive meia dúzia dos sapatos de *tutti frutti*, mas tudo calculado de acordo com o orçamento para não faltar para as outras coisas importantes e não deixar de poupar.

As mesmas pessoas que gastavam o salário em bolsas e sapatos não tinham grana guardada, não tinham plano de previdência, estavam sempre com os cartões estourados. E tudo bem, era uma escolha delas, talvez fosse o que a realidade financeira permitia. Mas, para a minha vida e a necessidade financeira da minha família, eu não podia me dar esses presentes com tanta frequência.

É difícil dizer "não" quando você tem na conta os R$ 100,00 para comprar o sapato que quer. E eu era tão organizada que tinha esse dinheiro. Mas o risco de perder o emprego ou surgir algum imprevisto me levava a refletir que qualquer reserva era melhor que nada, então eu economizava o máximo que podia.

Além disso, eu tinha sonhos! Eu queria viajar o mundo, morar fora do país e ter minha independência financeira. Nesse ponto, no início da fase adulta, nem todo mundo tem seus objetivos de longo prazo muito bem definidos. Eu também não tinha um plano perfeito, ainda não pensava em comprar casa e carro para mim, por exemplo, pois era muito nova. Eu só queria ter segurança e liberdade e acreditava que guardar dinheiro era o caminho para a realização dos sonhos.

VIVER COM O QUE EU RECEBO E SONHAR. ISSO É POSSÍVEL?

Pelos menos dez anos se passaram desde então, e agora meus planos estão mais concretos, muitos já se realizaram e eu sou extremamente grata à Mariana de 20 anos, que usava roupas e sapatos baratos, que não se deixava levar pela opinião e pelo julgamento das pessoas. Que preferia não provar certos tipos de comida que estavam na moda, para não correr o risco de gostar e depois querer gastar com isso. Aquela Mariana precisou abrir mão de muita coisa para crescer, mas o que era essencial para ela sempre foi priorizado, inclusive o lazer, por mais simples que fosse.

Por isso eu digo a você: o "não" de hoje é o duplo "sim" de amanhã!

É claro que a gente já quer logo pular para a parte boa, e eu também queria, mas não funciona assim. Para chegar ao topo de uma montanha, você tem que caminhar, enfrentar obstáculos, e é cansativo. Mas, se desistir da trilha planejada e tentar pegar um atalho qualquer, você pode acabar indo no caminho contrário, chegando a um nível ainda mais baixo do que aquele em que estava. Não existe atalho para o sucesso financeiro, a menos que você tenha a sorte de vir de uma família rica ou de ganhar um dinheiro inesperado. No mais, é trabalho mesmo, é esforço, dedicação e persistência.

E você não imagina o tamanho do orgulho que dá ao chegar lá em cima e poder olhar para trás, admirado de ter conseguido passar por tudo isso. Realizar sonhos assim faz tudo valer a pena.

Como me planejo para a compra de bens

O planejamento deve começar pelo desejo, caminhar pela priorização do que é necessário e finalizar com a realização do que foi possível.

Pode parecer que "fazer só o que é possível?" é pouco. Sim, você e eu, que somos pessoas normais, não conseguimos fazer o impossível. Precisamos focar primeiro no que está ao nosso alcance com o planejamento e os recursos disponíveis no momento.

"Mas e aquela história de sonhar pequeno e realizar pequeno, sonhar grande e realizar grande?"

Isso é motivação! E precisa existir, não quero que você deixe de sonhar e acreditar, só porque algo é difícil. Pensar positivo realmente tem uma força muito grande, capaz de transformar nossa relação com o dinheiro. Mas se uma frase como essa tem o potencial de motivar tanta gente, por que nem todos conseguem realizar grande, mesmo sonhando só com riqueza?

É que, além de sonhar, a gente precisa agir. E o planejamento estratégico individual é a resposta. Por favor, não se deixe levar por dicas prontas e frases de efeito. O dinheiro deve ser recebido como fruto de nosso trabalho, tem que ser bem cuidado, gasto com o que faz sentido e precisa ser economizado e investido para a realização dos sonhos.

| VIVER COM O QUE EU RECEBO E SONHAR. ISSO É POSSÍVEL? |

Você já sabe que eu não me deixo levar e abater por comentários e julgamentos sobre o que eu tenho ou o que acham que eu deveria ter. Mas quando eu decido que chegou a hora de comprar algo ou realizar uma vontade, a planejadora que vive em mim ganha força total!

Foi assim que comprei meu primeiro e único carro em 2013, aos 24 anos.

Eu decidi quais seriam as características primordiais do carro que eu compraria, como ar-condicionado, direção hidráulica e vidros automáticos. Na sequência, comecei a pensar em qual modelo escolheria, e lembrei de um lançamento de uns anos atrás que tinha visto na TV. O comercial mostrava um carro popular mas inteligente, que tinha até computador de bordo e o modelo era lindo. Fui atrás de mais informações, pesquisei durante cinco meses, até encontrar o carro que eu queria, do ano e modelo que eu entendia serem os melhores para mim e da cor que tinha ganhado meu coração. Foi amor à primeira vista! Assim que entrei naquele Ágile verde-musgo, sabia que uma parte da minha vida iria mudar. Com ele eu ganharia mobilidade, liberdade, passaria menos estresse e estaria menos exposta aos assédios do transporte público.

O carro custava R$ 27 mil — um valor que estava dentro das minhas possibilidades. Eu guardava dinheiro desde 2009, não era um valor fixo todo mês, mas havia um esforço para poupar o máximo possível do salário mais os extras (bônus, 13º salário e adicional noturno — eu trabalhei, ainda no atendimento, por um tempo de madrugada para receber um valor extra de 35% do salário).

Tinha acumulado algo em torno de R$ 50 mil em quatro anos, especialmente nos anos de 2011 e 2012, porque a situação em casa estava sob controle, eu já tinha criado o hábito de poupar e passei a receber mais ao trabalhar de madrugada e depois por ter sido promovida a supervisora no *call center*.

Com um salário de aproximadamente R$ 2.250,00, parecia que de repente as coisas começaram a ficar mais fáceis para mim. Eu simplesmente pagava todas as contas, separava um valor para usar no mês e investia o restante. Mas isso só parece fácil no papel e quando analisamos o meu caso isoladamente, porque a maioria das pessoas que tinham o mesmo salário que o meu na época, e as que hoje têm salários equivalentes, subiu o padrão de vida conforme teve aumento salarial. Quase todo mundo faz isso. Querer, decidir e conseguir viver num degrau abaixo não é tarefa fácil, considerando os desejos imediatistas que temos e as pressões externas que sofremos.

Então, ter acumulado R$ 50 mil e ter podido comprar meu carro dos sonhos à vista foi demais!

Inclusive, eu poderia ter comprado antes, mas esperei ter praticamente o dobro do valor do carro para me sentir segura. Meus riscos financeiros na época eram perder o emprego e ter algum incidente familiar que me desestabilizasse. Então, quando calculei que teria gastos com combustível, impostos, manutenção, estacionamento, pedágios, multas etc., ficou claro pra mim que no orçamento não caberia (com segurança) um financiamento. Porque com isso eu teria que deixar de poupar (imagine como minha vida seria diferente hoje se eu tivesse deixado de poupar) e ainda pagaria juros desnecessariamente.

Esperar foi a melhor decisão, pois ainda consegui negociar o valor à vista e o ex-proprietário ficou tão feliz pela facilidade da transação que me entregou o carro com o tanque cheio.

Ter metas como essa, de comprar um bem, ajuda a dar um horizonte de prazos e objetivos. Ajuda também a falar alguns "nãos" para as tentações à nossa volta. Quando eu penso que os R$ 500,00 gastos com salão de beleza, vestimenta, móveis e decoração poderiam ser economizados (porque na minha vida não são itens essenciais) e convertidos em um carro seminovo em questão de quatro anos, meus olhos brilham.

Se os seus olhos brilharam também, ou se você refletiu sobre vários objetivos e possibilidades durante a leitura, aproveite este espaço para começar a montar o seu plano de mudança de hábitos e fazer sua lista de metas possíveis. E não se esqueça: objetivo só vira meta quando tem prazo e valores definidos.

| TOSTÃO FURADO POR MARI FERREIRA |

META	PRAZO	VALOR

5

A PSICOLOGIA QUE ENVOLVE O DINHEIRO

POUPAR É UM HÁBITO

Nunca tive bons exemplos quando o assunto era educação financeira. Não por mal, mas meus pais não tinham recebido bons exemplos também e estavam sofrendo e aprendendo pouco com os erros. Na escola essa nunca foi uma disciplina, mas, apesar disso, eu conomizava até com os lápis, que eu tinha dó de apontar. Eu chegava a ser um pouco egoísta, não gostava de emprestar os novos, porque sempre voltavam menores, quebrados, mordidos ou, o quc é pior, ncm voltavam. Eu cuidava muito das minhas coisas. Desde bem pequena, quando nem sabia que minha família passava por dificuldades, eu já tinha em mim essa questão de querer que os objetos durassem mais. Eu pensava em longo prazo e fazia uma boa gestão do que tinha, desde brinquedos a moedas que ganhava.

Então, poupar foi algo natural, um hábito que sempre tive, estranho seria eu não poupar!

Mas isso não é tão comum. Como os pais sempre querem proporcionar uma vida melhor aos filhos, a tendência de consumir mais na fase adulta é repassada para eles.

Você já viu criança chorando no shopping dizendo que quer algo ou se arrastando no chão porque precisa de um brinquedo? O imediatismo do tipo "eu quero, eu posso e tem que ser agora" é um hábito que pode ser construído na gente desde essa fase infantil e que faz um grande mal para nossos planos de longo prazo.

Independentemente da sua idade, hoje é o momento ideal para começar um novo hábito. Olhar para trás com arrependimento e para a frente acreditando que mudar é impossível não dá. A gente só não muda se não quiser ou se estiver em uma situação totalmente fora do controle. No mais, o poder de transformação é nosso.

Para começar a tomar o controle nas suas mãos, dê o primeiro passo. Pode ser apagar os *apps* de compra *on-line* do celular, deixar de seguir páginas comerciais, ou não entrar em lojas sem necessidade (só para dar uma olhadinha). É basicamente tirar da sua frente os gatilhos que te fazem querer gastar. Tente pensar naqueles objetivos maiores e mais caros e reflita sobre o que vale mais a pena para você: comprar três biquínis de R$ 100,00 ou fazer a viagem no fim de semana com o biquíni velhinho, mas que ainda serve?

Dando um exemplo mais relevante: comprar um veículo financiado em 60 meses (pagar juros, gastar com manutenção e ver o preço do carro cair pela metade na hora de vender) ou guardar para comprar à vista o mesmo carro em quatro anos (e ainda acumular quase o dobro do valor dele e ter a possibilidade de continuar

| A PSICOLOGIA QUE ENVOLVE O DINHEIRO |

investindo mensalmente a quantia não destinada à parcela)? O que você acha que vale mais a pena?

Para mim, sempre pareceu melhor a segunda opção, e é por conta disso, das decisões mais planejadas, que eu já consegui fazer tanto, mesmo tendo várias necessidades e responsabilidades financeiras desde o primeiro salário e não ganhando rios de dinheiro.

Mas também existem necessidades urgentes. Pode ser que o carro precise ser comprado agora para que você trabalhe como motorista de aplicativo ou que tenha que ajudar na locomoção de um familiar e não dê pra esperar juntar a quantia. Em casos como esse, veja se a taxa de juros do financiamento é a menor possível, se o carro poderia ser de um modelo mais simples, antigo e barato e se está em boas condições. Quando é preciso tomar decisões às pressas, pode ser que não haja tempo de pensar muito, então já tenha em mente que é importante considerar como comprar o que precisa, por um valor que de fato caiba no orçamento e não prejudique seus outros planos, pois ele te dará gastos previstos e imprevistos. Já para casos não urgentes, se o objetivo da compra é uma questão de conforto e comodidade, quero frisar que o ideal seria sempre poder poupar para comprar e não antecipar essa realização, sem ter suas reservas seguras.

Nosso comportamento de consumo e de economia reflete muito no nosso bem-estar presente e futuro. Se você conseguir se imaginar tendo uma vida melhor que a de hoje, precisará também se lembrar de que é importante agir de formas diferentes para que esse futuro cheio de boas surpresas se torne uma realidade.

Será que tudo que eu desejo faz sentido?

Vamos entender o que, afinal de contas, é supérfluo!

O significado da palavra **supérfluo** no dicionário é "dispensável, que apresenta caráter desnecessário". Trazendo a palavra para a realidade das finanças, supérfluo é tudo aquilo que não tem importância, mas que você compra mesmo assim.

Na prática, o que é importante e necessário para uma pessoa pode ser supérfluo para outra. Então, para saber se você está fazendo boas escolhas, comece analisando suas despesas. Nós já falamos de orçamento aqui e eu espero que você já tenha feito o seu, mas, se não fez, a hora é agora! Tendo noção de para onde seu dinheiro está indo, você mesmo vai poder classificar se o gasto foi indispensável. E, mais que isso, se ele foi relevante e importante para você, mesmo não sendo essencial. Alguns exemplos tidos como supérfluos são gastos com cremes, roupas, estética de veículos, unhas, jogos e artigos de decoração. Mas se o autocuidado é algo extremamente importante para você, seus cuidados com a pele e com as unhas talvez sejam indispensáveis para sua felicidade. Por isso, não baseie a otimização do seu orçamento em uma lista de itens "cortáveis" que se encontra por aí. Você é a pessoa que deve decidir o que fica e o que sai das suas despesas.

Para isso, conhecer e entender quais são seus desejos, necessidades, hábitos, *hobbies* e valores pessoais será crucial. O autoconhecimento é o melhor aliado na hora de tomar boas decisões! De forma

| A PSICOLOGIA QUE ENVOLVE O DINHEIRO |

instintiva eu já fazia isso, mas só fui compreender o mecanismo de tomada de decisão e conhecer uma ferramenta para ajudar as pessoas a refletirem quando fiz meu primeiro curso de finanças, na Escola Clínica Fabiano Calil. A ferramenta era o Baralho de Valores, que são cartas individuais, como um baralho, que descrevem valores pessoais apresentando seus significados e provocam a reflexão: afinal, estou gastando de acordo com meus valores?

Para ilustrar melhor, vou dar um exemplo: Karen escolhe a carta **saúde**, afirmando que esse é um valor pessoal muito importante. Porém, ao analisar o estilo de vida e os gastos de Karen, identificamos que ela fuma, não pratica atividade física, tem gastado bastante com *fast-food* e não tem plano de saúde. Com isso, podemos entender que saúde até pode ser importante para Karen, mas ela ainda não está conseguindo inserir isso em sua realidade.

Então, como em um processo de consultoria a ideia é que a pessoa tome decisões e mude hábitos, Karen tem duas opções: admitir que não considera saúde um valor pessoal tão relevante e seguir sem mudanças ou decidir mudar seus hábitos, otimizar alguns gastos para priorizar a aquisição de um plano de saúde e administrar melhor seu tempo para cozinhar em casa e praticar uma caminhada de vez em quando.

Saúde foi um dos exemplos de valores pessoais, mas há muitos outros, por isso adaptei essa dinâmica para você poder se conhecer melhor. Minha sugestão é que você faça um levantamento de quais são os seus principais valores pessoais e depois se pergunte se está dedicando tempo e dinheiro para isso. Compare com seus gastos do orçamento e entenda se seu dinheiro está sendo usado de acordo com seus valores mais importantes, ou se você os está deixando de lado para consumir sem propósito.

P.S.: este teste foi adaptado para que você consiga realizá-lo facilmente sozinho e será muito importante para você, portanto não deixe de fazê-lo. Mas, se não tiver tempo agora, siga a leitura e volte depois, quando puder, para evitar que o *spoiler* atrapalhe seu resultado.

Jogo de valores

| A PSICOLOGIA QUE ENVOLVE O DINHEIRO |

Pegue um lápis ou uma caneta e escreva os 15 valores que mais fazem sentido para você, usando o espaço abaixo:

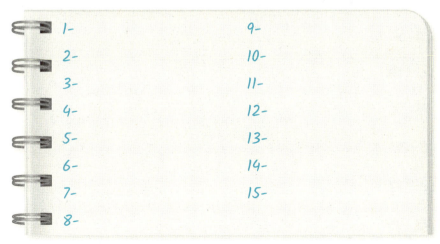

Agora, descarte cinco deles, que você considere menos relevantes. Reflita sobre como foi a sensação de ter de escolher qualquer um e depois deixar uma parte deles pelo caminho.

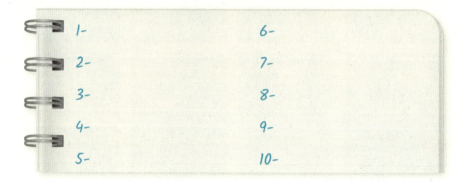

Na sequência, escolha apenas cinco para manter, que devem ser essenciais, valores pessoais sem os quais você não poderia viver. Então, pense na razão pela qual cada um faz parte da sua vida.

Por fim, coloque esses cinco em ordem de prioridade, de 1 a 5, sendo que 1 é o mais importante. Analise sua escolha.

A PSICOLOGIA QUE ENVOLVE O DINHEIRO

Esses eram os valores que você imaginava como os mais importantes da sua vida? É com eles que você está gastando seus tostões e dedicando seu tempo?

Se a resposta for "sim" para a segunda pergunta, você está no caminho certo, vivendo de acordo com o que acredita. Se a resposta for "não", você, assim como a Karen do exemplo, deverá escolher uma das opções: tentar mudar seus hábitos e seu fluxo de gastos para se aproximar do que é prioridade pra você, ou reconhecer que alguns desses valores não são seus — talvez sejam algo que a sociedade impõe como padrão, mas que não se aplica a todos. Então, você poderá abrir mão disso que não te define e trocar por algum outro valor que deixou para trás na hora de priorizar. E tudo bem refazer e ajustar.

Nesse teste o objetivo é incentivar a reflexão, o autoconhecimento e a análise de contextos. Com ele, a gente também percebe que orçamento não se trata puramente de matemática, pois estão em jogo valores pessoais. O orçamento é um reflexo dos nossos hábitos, da nossa gestão de tempo e de dinheiro. Quando entendemos nossas prioridades, tomar grandes decisões é apenas um ato de coragem.

TOSTÃO FURADO POR MARI FERREIRA

O depois será tão desafiador quanto o agora

Você sabia que 81% da população brasileira acredita que a vida vai melhorar nos próximos cinco anos? Uma pesquisa do Datafolha feita em 2020 aponta esse dado otimista.

Realmente, esse é o retrato que temos do nosso povo, sempre positivo, vivendo na expectativa de dias melhores. Esse otimismo é ótimo para a vida e nossa saúde física e mental, mas sozinho ganha ares de sonho. Eu quero que 100% da população tenha de fato uma vida melhor nos próximos anos, esse é meu combustível para trabalhar com educação financeira todos os dias. Mas já atendi mais de 250 clientes desde 2015, e de um ano pra cá foram mais de 300 sessões individuais de consultoria. Por essa razão, posso te garantir que só o pensamento positivo, sem ação, não fará o cenário mudar.

É preciso planejar, focar e ter disciplina pra cumprir os objetivos, independentemente de quais sejam e do prazo de realização.

Sei que é mais fácil falar do que fazer, que nos deparamos com muitas adversidades no caminho e que alguns planos mudam. Mas não espere que amanhã seja simplesmente um dia melhor, se hoje você está gastando mais do que recebe, se nesse instante você não tem reserva para um mês de sobrevivência sequer, caso perca o trabalho. É preciso fazer por onde e assumir a direção da própria vida.

A responsabilidade de perseguir o sucesso é sua e não do emprego, da família, do tempo, da fé. Tudo isso pode te ajudar muito, mas você precisa aprender a aproveitar as oportunidades. Se a cada promoção no trabalho ou renda extra que você gere, todo o dinheiro for consumido, sempre se sentirá na esperança de dias melhores que nunca chegam. Os cinco anos se passam, e você vai renovando a conta para mais cinco anos.

Imagine que loucura procrastinar os próprios sonhos, a tranquilidade, a prosperidade financeira, a liberdade!

O planejamento financeiro, que leva em conta as prioridades, os valores pessoais, o padrão de vida, objetivos e seus prazos, é o caminho do sucesso.

Se você sempre fez tudo sem planejar e acha que assim a vida flui melhor, sinto informar, mas você está na mais desconfortável zona de conforto. Muito provavelmente já perdeu oportunidades, existem várias áreas da sua vida te incomodando e pontos de estresse que poderiam ser resolvidos com um arregaçar as mangas.

Então, vamos começar! Reflita sobre esses pontos mais chatinhos e determine um tempo e uma ação para resolver isso. Não desista enquanto não der certo.

Vou te contar um exemplo de procrastinação meu pra você ter a certeza de que não está sozinho nessa. Trabalhei durante 13 anos em um grande banco, esse era meu sonho e me abriu muitas portas, mas é claro que nem todos os dias ou todas as atividades eram 100% incríveis. Eu também tinha o desejo de fazer coisas diferentes, de receber uma promoção, mudar de equipe, de horário etc.

Em alguns momentos eu me imaginei trabalhando em outros

lugares ou abrindo a minha própria empresa. Era aí que eu me dava um prazo: dois anos! Eu dizia "em dois anos eu saio do banco, em dois anos já estarei empreendendo, em dois anos serei promovida para o setor que tem a minha cara". E, adivinhe, eu não me movimentava para isso. Da primeira vez que falei que daria um rumo diferente na minha carreira até realmente fazer isso, se passaram 11 anos. Eu não me arrependo, porque fui escolhendo ficar, fui construindo conexões fortes e conquistando muitos objetivos profissionais, educacionais e financeiros.

Com isso eu quero dizer que talvez eu não quisesse tanto assim sair de lá, que eu talvez gostasse do ambiente, das pessoas e por isso fui ficando, mas também pode ter sido falta de opção, de visão do mercado de trabalho, de preparo, de maturidade ou de planejamento. Eu tinha uma grana que não achava suficiente para me manter se houvesse uma possível falha no plano, então fiquei até ter a certeza de que o plano era excelente e que, mesmo tendo imprevistos, eu daria conta de segurar a onda.

Procrastinei, mas com propósito e planejamento financeiro estratégico. Isso faz muito parte de mim: geralmente não sofro por adiar recompensas — e tenho colhido frutos bem docinhos, como este livro aqui!

Tenho certeza de que amanhã minha vida estará ainda mais desafiadora, assim como a sua, por isso estou cuidando de mim e tentando cuidar de você. Mas como? Eu continuo fazendo o que a Mariana de 20 fez por mim (Mariana hoje com 32), e pensando

A PSICOLOGIA QUE ENVOLVE O DINHEIRO

sobre o que farei para a senhora Mariana de 60, 70, 80 anos. E quero que você siga o exemplo: cuide de seu presente e seu futuro.

Se você já está no meio deste livro e continua deixando para depois as tarefas de fazer um orçamento, sua lista de objetivos, valores pessoais e prioridades básicas, como olhar para sua conta bancária, está fazendo a escolha errada. Quando você deixa para depois o que diz respeito à organização financeira, não realiza o que prometeu a si mesmo.

E você sabe: atitudes iguais, resultados iguais; atitudes diferentes, resultados diferentes.

Hora de agir!

Por que o dinheiro some da minha mão?

"Meu dinheiro não dá pra nada! Eu recebo muito pouco!
Não consigo economizar, porque tá tudo muito caro..."

Você se identifica com alguma dessas frases?

Você sabe o que significa padrão de vida?

A gente tem um padrão de vida específico, que é baseado nas nossas condições financeiras, no nosso meio social e nos nossos gostos e valores pessoais. Ou, ao menos, deveria ser. Quando a sociedade começou a ter acesso a tanta informação, tecnologia e publicidade, deu vontade de ter mais, pois os horizontes do consumo se ampliaram. E, se antes o básico era casa e comida, hoje é uma casa bem localizada, com área de lazer externa, e comer bem significa ir a um restaurante uma vez por semana. Os padrões mudaram, mas a remuneração não acompanhou a mudança na mesma medida para todos.

Isso significa que algumas pessoas querem acessar o conforto, a comodidade e a segurança que os tempos de hoje oferecem, mas nem todas têm dinheiro suficiente para isso.

É justo? Não.

Vivemos em um mundo cruelmente desigual, onde os mais ricos (pouco mais de 2.100 bilionários) têm fortunas maiores que a soma do dinheiro de cerca de 60% de toda a população mundial, segundo dados do relatório da Oxfam Brasil, de janeiro de 2020.

Entenda que, aqui, não estou falando que acho justo não poder acessar todas essas coisas, que eu também gostaria de poder. Mas enquanto formos parte desse sistema, precisamos fazer o máximo com o que tivermos. Ser feliz ao máximo com as pequenas coisas. Saber fazer o dinheiro render o máximo possível em nossas mãos. Nos dedicar ao máximo para aproveitar boas oportunidades.

Infelizmente, quem tem salário de R$ 1.000,00 não consegue ter o mesmo padrão de quem recebe R$ 2 mil, que não consegue ter o mesmo padrão de quem tem renda de R$ 5 mil. E, quando tenta, se endivida e o padrão cai mais ainda.

A PSICOLOGIA QUE ENVOLVE O DINHEIRO

É com muito pesar que eu te digo que algumas coisas que são essenciais para pessoas com salários maiores talvez sejam inviáveis para você nesse momento, e é importante lidar com isso da melhor forma. Seja aceitando e fazendo muito com pouco, como minha família fez durante anos, seja correndo atrás de outras possibilidades para aumentar a renda, como eu fiz ao chegar na fase adulta.

É duro tomar algumas decisões. Quando se tem filhos e quer fazer o melhor para eles, pagar um convênio médico é uma necessidade básica. Mas como pagar o seu plano e o deles, mais aluguel e todas as outras despesas essenciais de sobrevivência com uma renda de R$ 2 mil?

Nesse caso, se não há a opção de um emprego pelo regime CLT com benefícios estendidos à família, o melhor a fazer é formar uma reserva para ser usada em alguma necessidade de saúde ou outra emergência que possa ocorrer. Porém, pela culpa carregada na frase "eu tenho que fazer o melhor pelos meus filhos", muitas mães e pais acabam compensando essa falta elevando o padrão de consumo da família. E aí o dinheiro some da mão mesmo, e a dificuldade inicial para poder ter o básico toma proporções ainda maiores.

É claro que esse é apenas um exemplo, mas pense sobre seu padrão de consumo. Ele é sustentável? Se você perder o emprego ou a capacidade de trabalhar por um período, conseguirá manter esse padrão?

Em muitos casos, a saída é viver um degrau abaixo para conseguir se manter e não ter que rolar escada abaixo no primeiro imprevisto que surgir.

Então, resistir aos impulsos de consumo, adequar os gastos à sua realidade financeira e planejar os próximos passos garantirá a você estabilidade e também uma base sólida para continuar a caminhada rumo aos degraus acima.

Mas como se resiste a um impulso?

Primeiro, diagnosticando que se trata de um impulso. Se você já percebeu que compra muitas coisas sem pensar, se a comida tem estragado, se tem itens que nunca usou no armário e caixas de utensílios ainda fechadas, é bem provável que tenham sido impulsos e que você repita esse tipo de compra.

Segundo, não comprando na hora, mas prometendo a si mesmo que voltará amanhã para efetivar a compra. Com isso você ganha tempo pra entender se era só uma vontade passageira ou algo realmente necessário. E também terá a oportunidade de avaliar seu saldo no banco, seus gastos no cartão e seus planos futuros. Se você analisou, se está tudo certo e a compra ainda faz sentido, perfeito! Senão, esse é o momento de resistir e agradecer por ter aprendido a diferença entre "quero e preciso", entre "tem que ser agora e posso esperar um pouco". Talvez você esqueça daquele item e se fortaleça para resistir aos outros muitos desejos que virão. Ou apenas espere a situação financeira melhorar para que ele caiba no orçamento com a folga necessária.

A PSICOLOGIA QUE ENVOLVE O DINHEIRO

E, respondendo à pergunta do início deste item: o dinheiro não some da sua mão, é você que o gasta sem perceber seu valor.

Como tomamos decisões? Cada um à sua maneira!

Já percebeu que o vale-refeição, o vale-alimentação e qualquer outro benefício de um emprego pelo regime CLT são gastos com muita facilidade? A pessoa recebe o crédito no cartão, já corre pro rodízio, pro mercado, abre o *app* de *delivery* e gasta um terço dele no mesmo dia! O crédito, geralmente, acaba bem antes do fim do mês.

Mas será que, se fosse para consumir essas mesmas refeições com o dinheiro do salário, as pessoas seriam tão impulsivas? Ou pensariam duas vezes antes de comprar alguns itens?

É muito relativo!

Tomamos decisões, muitas vezes, de forma isolada, sem considerar um planejamento de médio e longo prazo e as possíveis consequências, como ficar sem dinheiro para comprar comida do dia 20 em diante. Inclusive, tomamos decisões de forma tão automática que, em alguns casos, nem percebemos que tomamos uma decisão.

Também tendemos a escolher os caminhos mais fáceis e seguir dicas prontas, por exemplo, de como economizar no supermercado, comprando produtos em promoção, levando embalagens maiores e de marcas menos conhecidas.

Essa economia é relativamente fácil de fazer, porque aprendemos sobre isso quando somos pequenos e continuamos tendo reforço, em forma de dicas, quando adultos. No entanto, esse hábito de economia não é adotado para todos os pontos da nossa vida. Cometer algum deslize e não atentar a todos os detalhes faz parte.

Eu já ouvi casos de pessoas supereconômicas, que pagaram muito mais caro em um financiamento imobiliário, por não terem entendido a taxa de juros e custos embutidos, nem pesquisado na concorrência. Outras que compraram apartamento na planta tentando economizar, mas que tiveram que gastar tanto com impostos, valorização durante a obra e a reforma, que poderiam ter comprado um pronto pra morar, com preço melhor. E há ainda aquelas que adquirem um consórcio pensando em investir, perdem a capacidade de pagamento e, apenas por não terem lido o contrato corretamente, se prejudicam muito ao ter que esperar o sorteio para recuperar uma parte do que havia pago.

Todas essas decisões, grandes e pequenas, precisam ser tomadas no nosso dia a dia, algumas com maior frequência, outras só uma vez na vida. Mas é importante que sejam feitas com consciência.

É por isso que quero chamar sua atenção para os processos de tomada de decisão.

Em 2019 fui para Dublin, a convite da professora Vera Rita de Mello Ferreira, maior referência em psicologia econômica no

A PSICOLOGIA QUE ENVOLVE O DINHEIRO

Brasil, para um congresso internacional de economia comportamental, o IAREP SABE Conference. O objetivo era aprofundar meus conhecimentos em comportamento financeiro e usar isso no meu dia a dia no banco, que custeou minha viagem.

Assisti a 36 apresentações de teses de alunos e professores Ph.D., que estudam e realizam testes para confirmar suas hipóteses. Se eu já adorava educação financeira, ali percebi que a tomada de decisão tem muitas camadas e variantes.

Lembro de uma apresentação que contava sobre como a música e o ruído em um ambiente são capazes de alterar nossa percepção e até mesmo o senso de urgência. Imagine que você precisa comprar algo e gostaria de pesquisar bem, mas decide ir a uma feira em que sabe que tem muitas opções. Porém, chegando lá, percebe que está cheia e barulhenta, com muitas pessoas falando e música alta. Por mais que você esteja decidido a pesquisar, é mais provável que compre logo para sair depressa, do que tenha a paciência de caminhar entre todos os estandes até encontrar a melhor opção.

Eu me lembro também de um exemplo que a professora Vera trouxe em um de seus cursos, que era mais ou menos assim: perto de casa você encontra um sabonete R$ 0,50 centavos mais caro do que em outro lugar, então você se pega pensando se deve ir a um mercado mais distante, onde você sabe que está mais barato e decide que vale a pena.

No dia seguinte, você precisa tomar outra decisão, ao pesquisar um computador para comprar, percebe que em uma loja mais distante ele custa R$ 0,50 centavos mais barato. Nesse caso, o que fazer? São os mesmos R$ 0,50 centavos. Por que será que para a compra do sabonete eles são um fator mais relevante do que para o computador?

Para a economia tradicional, R$ 0,50 centavos são R$ 0,50 centavos, e não importa a relação do preço ou a proporção de valor da economia. Mas, quando refletimos sob o olhar da economia comportamental, entendemos que as pessoas fazem um cálculo mental: R$ 0,50 centavos representam 20% do valor do sabonete, enquanto representam 0,0166% do preço de um computador. Logo, a avaliação sobre economizar ou não esse valor sofre alterações.

Esse é um exemplo de inconsistência e invariância, quando a proporção equivalente dos preços altera nossa percepção e escolha, mesmo em se tratando de valores idênticos.

Mas nem sempre os valores são idênticos... Meu irmão precisou tomar uma decisão financeira um pouco diferente. Ele, agora com 30 anos, decidiu comprar seu primeiro carro, à vista, como eu fiz. Procurou por meses, até que encontrou um que parecia ideal, custava R$ 36 mil, mas ele queria pagar no máximo R$ 35 mil. Tentou negociar com o vendedor da loja, sem sucesso. Poderia ter continuado sua busca, mas estava tão ansioso, precisando comprar logo, que aceitou pagar R$ 1.000,00 a mais — logo ele, que é supereconômico e não compra roupas pra trabalhar há uns três anos, talvez por não se importar com isso, talvez para não gastar (ele diz que é um pouco dos dois)!

A PSICOLOGIA QUE ENVOLVE O DINHEIRO

Há coisas que só a psicologia econômica é capaz de explicar, porque com ela percebemos que, quando se trata de pessoas, existem inúmeras variáveis!

Com isso em mente, como a forma de economizar dinheiro pode ser uma questão?

Pode ser mais complicado encontrar a prosperidade financeira se você se esforça para economizar R$ 0,50 centavos no supermercado mas não economiza R$ 4 mil na compra de uma casa, nem se incomoda em gastar R$ 1.000,00 a mais na hora de comprar um automóvel. Por mais que não se trate de valores iguais, como no exemplo do sabonete, muitas vezes damos atenção extra a economias pequenas e deixamos passar gastos maiores.

Não há certo ou errado quando se fala em psicologia econômica, porque ela estuda nosso comportamento diante das circunstâncias. No entanto, pode parecer que economizar é difícil, que o retorno é mínimo e que não vale a pena quando você se esforça pra economizar no cafezinho, sendo que, na verdade, o problema é direcionar mal as decisões econômicas como um todo.

Ter uma frequência e consistência ao economizar dinheiro, mesmo que pouco, é positivo, porém, enquanto só economizar nos centavos e não levar em conta as compras grandes, suas reservas podem mesmo demorar a crescer. Por isso, precisamos equilibrar as coisas e montar um plano de economia possível para todos os setores da vida financeira.

Lembra do que eu disse lá no começo do livro: que acredito que educação financeira é resumida em tomada de decisão? Era disso que eu estava falando, desses processos decisórios que nos levam para caminhos muito distintos.

Todos nós temos dois sistemas para tomar decisões: o Sistema 1 é mais emocional e o Sistema 2, mais racional. Adivinha qual usamos mais? O Sistema 1, é claro! Agimos de forma rápida, impulsiva e, muitas vezes, até automática nas decisões rotineiras. Para cada pessoa os pesos da balança são diferentes: enquanto tem gente que avalia se vale a pena pagar um pouco mais caro nos legumes por já virem cortados, outros nem pensam a respeito e enchem as sacolas com legumes que cortarão em casa. É por isso que não posso (na verdade ninguém pode) julgar as preferências e as escolhas do outro, mas posso, e é meu trabalho, fazê-lo olhar para suas decisões e tomar consciência dos motivos pelos quais age assim.

Se você não pesquisou a taxa de um financiamento, se comprou a bolsa na primeira loja que viu, se pegou um empréstimo só porque estava disponível, se saiu com o objetivo de comprar o presente de aniversário do sobrinho mas acabou comprando um presente para o seu filho também, você precisa entender por que e como está tomando essas decisões. Com um pouco de autoconhecimento e aprendendo como funciona esse processo, você estará mais próximo de encontrar o equilíbrio de que tanto se fala.

Ter consciência financeira é também saber se suas decisões são racionais ou emocionais.

O seu lado racional, do Sistema 2, precisa estar ativado em mo-

A PSICOLOGIA QUE ENVOLVE O DINHEIRO

mentos-chave, quando decisões importantes precisam ser tomadas, quando coisas grandes acontecem — não só as pequenas do dia a dia que aliviam nossa consciência.

Quantas e quantas vezes já ouvi de clientes frases como "Mari, eu economizei muito esse mês (no mercado, no *delivery*, na energia), só comprei uma mesa, cadeira e *notebook* novos, porque estava precisando melhorar meu ambiente de *home office*". Não adianta mentir para si mesmo, economizando R$ 200,00 em despesas em um mês e gastando R$ 5 mil em compras não planejadas, que mal cabem no orçamento. Essa economia foi importante? Sim, mas não efetiva.

Sua reserva perde potencial de crescimento quando você toma decisões precipitadas.

O espaço de *home office* tem sido muito importante durante o período de pandemia, mas às vezes conseguimos improvisar com algo que já tínhamos em casa, podemos encontrar opções incríveis em lojas que revendem mobiliário de escritórios fechados, ou até mesmo nos programar para comprar o que queremos no tempo certo, sem endividamento. Imagine esse exemplo fictício que comentei agora: o cliente se organizou com muito esforço para reduzir despesas e agora vai economizar R$ 200,00 todo mês (o que é excelente), porém adquiriu uma nova dívida de R$ 500,00 mensais, porque parcelou os R$ 5 mil em 10 vezes no cartão de crédito, sem avaliar os impactos disso em seu orçamento.

É importante atentar aos momentos de tomada de decisões grandes e pequenas. Sabe quando aprendemos a dirigir e ficamos superligados em cada movimento? Na hora de pisar na embreagem, passar uma marcha, fazer uma baliza e ter que sair com o carro em uma rampa, o coração até parece que vai sair pela boca! Nesse momento o cérebro está em alerta máximo, atento a cada detalhe para nada sair errado. Porém, depois de cinco anos dirigindo, você chega em casa com tanta facilidade que nem lembra como chegou.

Esse é meu objetivo aqui: colocar você em estado de alerta, fazer com que você se eduque financeiramente e tome boas decisões de forma tão natural quanto sair com o carro em uma rampa depois de anos de prática.

Hoje eu tomo minhas decisões financeiras com muita facilidade porque sei o que avaliar, e porque já entendi que tenho que pensar antes de agir, que preciso de estratégia para sequenciar qualquer plano.

Já quando não se tem um plano e estamos apenas deixando a vida nos levar, precisamos criar um, de forma estratégica, para que aconteça de verdade o que desejamos. E, claro, seguir o plano, ativando nosso lado mais racional, deixando o alerta ligado, atento a todas as oportunidades e cenários.

Um aliado para o processo de tomada de decisão consciente é o *nudge*, que traduzido para português significa cutucão, empurrão. Esse conceito ficou mundialmente conhecido após o livro de Cass Sunstein e Richard Thaler — economista norte-americano, ganhador do prêmio Nobel de economia em 2017.

O livro *Nudge: o empurrão para a escolha certa* mudou a forma

A PSICOLOGIA QUE ENVOLVE O DINHEIRO

como a economia tradicional lida com as decisões humanas. Os *nudges*, no contexto da economia comportamental, são empurrões para boas decisões e podem ser inseridos nas questões do dia a dia. Como deixar uma fruta em cima da mesa de trabalho, para comer quando der aquela vontade de um docinho à tarde. Ou a programação de uma transferência automática para investir parte do salário no dia em que cai na conta, para garantir que o dinheiro será mesmo economizado.

Se você conseguir aproveitar seus momentos de alerta ligado e montar estratégias para evitar os picos de impulso, há uma grande chance de passar por eles sem perceber. Assim se torna automático o ato de economizar e resistir a tentações, porque o *nudge* foi pensado em um momento em que o Sistema 2 da razão estava ligado. E agora, para o Sistema 1 da emoção, só resta seguir o fluxo, não pensar muito e mordiscar a maçã deixada ali de propósito!

Dando sequência ao seu planejamento, aproveite este espaço para inserir seus valores pessoais e as opções de redução e ajuste de orçamento que pensou durante a dinâmica. Enquanto seu sistema de decisão mais racional está a mil, já estabeleça algumas metas e ações para transformar o ato de poupar em um hábito. Dica: use calendário e despertador do celular para incluir lembretes importantes, que vão servir de *nudges* para você!

| TOSTÃO FURADO POR MARI FERREIRA |

6

A VIDA ESTÁ PASSANDO...

FASES DA VIDA... VIREI ADULTO, E AGORA?

A VIDA NÃO PARA SÓ PARA TERMOS MAIS TEMPO DE PENSAR. Ela segue acontecendo, nos trazendo desafios, imprevistos e vontade de realizar sonhos. Por isso, te ajudar a se organizar é um de meus objetivos.

Quando pensamos sobre as fases da vida, temos nossas primeiras lembranças de infância e bate a nostalgia daquele tempo em que não tínhamos boletos para pagar. É que na infância, e pelo menos em parte da adolescência, muitos de nós temos uma total dependência econômica. Seria o melhor momento para aprender sobre como lidar com dinheiro, mas, com frequência, somos poupados ou colocados de lado nas decisões da família.

A responsabilidade passa a ser exigida quando chegamos à fase adulta, por mais despreparados que estejamos. Além disso, todo jovem quer independência financeira e liberdade em suas relações. O primeiro emprego é a porta que se abre para esse novo mundo.

Alguns têm a oportunidade de frequentar uma universidade e

continuar recebendo ajuda da família, outros precisam ajudar em casa e nem sempre conseguem continuar estudando. Essas variações continuam aparecendo quando refletimos sobre seus objetivos pessoais e profissionais. Não existe uma cartilha que dite o que deve ser feito em cada fase da vida, mas a sociedade mostra que dos 20 aos 40 anos as pessoas tendem a estudar, trabalhar, viajar, se relacionar e ter filhos. Logo, além da subsistência, precisam conseguir bancar esses desejos e necessidades.

Essa fase da vida também é a mais produtiva, e muita energia é empregada no trabalho. As pessoas adquirem experiências, sentem vontade de encarar novos desafios e têm mais chances de crescer na carreira, pois o mercado de trabalho beneficia essa faixa etária. Em paralelo a isso, a vida acontece.

Surge uma pessoa especial; há uma troca de trabalho; perde-se um ente querido; acontece uma festa de casamento; curte-se uma viagem nas férias; ocorre uma demissão; planeja-se um chá de bebê; abre-se o próprio negócio; estuda-se algo diferente, e o ciclo continua com novos acontecimentos. E para tudo isso caminhar de forma sustentável, a organização é fundamental.

Você mesmo deve ter se visto em algumas dessas fases da vida, pode ser que esteja no início ou no meio de uma delas, pode ter passado por tudo isso e estar pensando sobre como agiu na época. Mas agora é tempo de fazer diferente.

Quando falamos em economizar 10% ou 20% da renda todos os meses, muitas vezes nos esquecemos desse tanto de desejo que as pessoas querem realizar ao longo da fase adulta. Se, por exemplo, a renda de um casal de noivos é de R$ 3 mil e eles querem se casar daqui a um ano fazendo uma festa de R$ 30 mil, não há como bancar esse sonho com 20% da renda. Seriam necessários 84% da renda para conseguirem se casar com tudo pago ou teriam que esperar um pouco mais para juntar esse valor.

Esses 10% ou 20% de economia devem ser direcionados para uma reserva (de imprevistos e oportunidades) e para a aposentadoria. Os demais objetivos precisam caber no fluxo mensal, ou seja, no orçamento.

O mundo ideal, para o qual quero preparar você, é aquele em que é possível entender o tempo certo de todas as coisas, priorizar o que é necessário e urgente e resistir aos impulsos. Nesse mundo você gasta muito menos do que ganha, vive num degrau abaixo do que seria possível bancar, por um tempo, guarda dinheiro e investe na realização do que é importante.

Eu dormi, nos últimos 12 anos, em um quarto sem piso, sem decoração, sem TV, só com o básico. Mas nesse tempo comprei o meu apartamento, montei minhas reservas e viajei bastante. Isso porque o quarto lindo não era uma prioridade para mim, seria um gasto sem valor, enquanto o restante era o que me fazia feliz de verdade.

Nessa fase adulta há muitas coisas que desejamos ter e fazer, mas saber priorizar o que vem primeiro, o que sai da lista e quanto tempo cada desejo precisa esperar para ser realizado faz a diferença. Essa força de vontade determina muito o nosso sucesso.

Claro que força de vontade com barriga vazia não nos leva a lugar nenhum, mas entenda que o meu ponto aqui nunca foi prometer riqueza. Eu não tenho essa fórmula mágica nem para mim. Meu objetivo é ajudar a melhorar um pouco sua vida, independentemente da sua renda, da sua profissão e da região onde mora. E o jeito de fazer isso, que eu conheço e já testei comigo e com muitos clientes, é por meio da educação financeira, da priorização dos objetivos e da tomada de decisão consciente.

Quando você quer algo e se organiza para aquilo, sem se deixar levar pelo restante, você pode notar que dá certo. Dei o exemplo do casamento porque acho que é um dos mais incríveis. Conheço muita gente que conseguiu fazer o casamento dos sonhos, mas que, antes de decidir se casar, nunca tinha guardado um tostão e, depois do casamento, também não conseguiu mais economizar. Com base nesse exemplo, eu tenho certeza de que foi o fator força de vontade que venceu. Era um objetivo muito almejado, com prazo para acontecer, então todo o esforço foi empregado para que nada saísse errado.

Agora, imagine a potência de uma pessoa que faz tudo o que deseja, com a força de vontade desses noivos do exemplo. Imagine o quanto essa pessoa é capaz de realizar ao longo da vida. E o sucesso e a satisfação nessas realizações? Mal dá para medir.

Por isso, acredite, esse é o caminho. Não é na loteria, nem em um *reality show* que você deve depositar suas expectativas de melhorar de vida — o protagonista da sua história é você! E os fatores determinantes para o sucesso são a organização das prioridades, o entendimento e o aproveitamento das oportunidades e as decisões tomadas de forma consciente, no momento certo.

Para fechar este tópico, meu conselho é: faça uma avaliação do seu orçamento para que sobre um pouco mais. Depois, direcione parte dos valores para as reservas de imprevistos, oportunidades e aposentadoria. Lembre-se de que viagem está no item lazer, então deve caber no seu orçamento mensal, ou vai exigir um esforço extra de economia para ser paga à vista. Não se tira dinheiro da reserva para pintar a casa, comprar móveis, fazer tratamentos estéticos, nem trocar de carro. Esses gastos também precisam ser parte do seu orçamento. Se não der para fazer tudo de uma vez, ou agora, aceite que é tempo de plantar, e não de colher. Entenda que é o momento de otimizar as despesas atuais, para que possa caber um gasto novo. O contrário disso é a reserva zerada e o endividamento batendo à porta.

Não fiz reserva durante um bom período da minha vida, será que sou um caso sem solução?

Epa! Calma lá!

Sempre é tempo de começar, sempre podemos analisar os caminhos que estamos trilhando e mudar de rota.

O que será diferente é o tamanho do esforço. Aos 20 anos, o

esforço de economia mensal para uma reserva pode ser de 15%, o que já será suficiente para cobrir imprevistos e montar uma reserva para a aposentadoria. Com 47 anos, esses 15% já não são o bastante e o percentual deve ser próximo do dobro disso, considerando que haverá menos tempo de acúmulo, mas que o salário nessa fase da vida tende a ser maior do que aos 20 anos.

Digo isso porque, segundo a nova regra da Previdência, de novembro de 2019, mulheres podem se aposentar a partir de 62 anos e homens a partir de 65 anos. Logo, uma mulher com 47 anos hoje, precisará de renda própria para se manter por, no mínimo, mais 15 anos até se aposentar, tempo que tem para economizar para a reserva. Enquanto uma jovem de 20 anos tem 42 anos pela frente até a aposentadoria. Consequentemente, 42 anos para economizar dinheiro contra apenas 15 anos.

O tempo joga contra quando pensamos no percentual ideal de economia de cada um, mas uma diferença importante é que a jovem de 20 anos talvez ainda não tenha clareza de todos os seus objetivos e acabe consumindo parte da reserva para realização de planos e sonhos de curto prazo, enquanto a mulher com mais idade tem seu objetivo bem definido e vai direcionar toda a sua poupança dos próximos anos para ele.

É por isso que o melhor momento para iniciar uma economia com objetivo de reserva é agora. Pode ser reserva para aposentadoria, emergências ou liberdade financeira. Independentemente de como a chamemos, o importante é que ela exista e esteja disponível.

A VIDA ESTÁ PASSANDO...

Mas também é extremamente importante saber calcular o tamanho dela, afinal, de quanto preciso para ficar tranquilo na aposentadoria? Essa resposta pronta você não vai encontrar em nenhum lugar, porque não existe um número padrão que atenda às necessidades de todos. Somos únicos, temos questões pessoais e familiares, objetivos de vida, dívidas, patrimônio, tudo muito singular. Então, para entender de quanto você vai precisar, devemos consultar seu orçamento e compreender quais são seus gastos mensais totais.

Se hoje você gasta R$ 2 mil para se manter, analise se, pelo seu contexto de vida, terá custos maiores, com plano de saúde, por exemplo, se tem filhos e netos que demandam ajuda, entre outros possíveis custos.

Para seguir nesse exemplo, vamos considerar que seu gasto se manterá em R$ 2 mil, mas isso é praticamente impossível, levando em conta a inflação e outros índices financeiros.

Agora responda: você terá o benefício de se aposentar pelo INSS? Se sim, já é a garantia vitalícia de algum valor, nem que seja o mínimo, senão seria bom verificar essa possibilidade, pois a economia terá que ser maior e talvez você precise continuar trabalhando por mais tempo para garantir a manutenção do padrão de vida.

Eu sei que muita gente não acredita no INSS e acha

TOSTÃO FURADO POR MARI FERREIRA

que ele vai acabar até chegar seu momento de receber. Eu não sou uma dessas pessoas, pois, baseada em fatos, sei que o INSS não vai simplesmente deixar de existir; ele pode, sim, passar por novas reformas, aumentar o tempo de contribuição, mudar regras de limite de benefício etc., mas, enquanto existirem pessoas pagando seus impostos sobre a renda todos os meses, o INSS continua a pagar as aposentadorias. E, acredite, não existe previdência melhor que o INSS, porque só ele te garante uma renda vitalícia e ainda a possibilidade de deixar pensão para os dependentes que necessitem dela, além dos seguros em vida. A previdência privada é uma ótima aliada para complementar a renda da aposentadoria, mas é um potinho de dinheiro que tem fim.

Se ao longo de 42 anos você colocou R$ 200,00 todo mês nesse potinho, terá investido R$ 100.800,00. Com juros de 3% ao ano, ao fim dos 42 anos você terá em torno de R$ 195 mil em sua reserva de aposentadoria. Se todo mês você continuar gastando R$ 2 mil para se manter e for sacando desse montante, o valor vai durar cerca de 10 ou 11 anos. Mas manter os gastos será pouco provável, a tendência é de que eles aumentem e que a inflação eleve os preços. Ou seja, esse valor não será suficiente sequer para a manutenção do padrão de vida por esse período. Por isso, contar apenas com a previdência

A VIDA ESTÁ PASSANDO...

privada não é a melhor estratégia. Ela deve ser pensada para complementar outros investimentos e o INSS.

Então, se você é mulher, tem 47 anos e precisa esperar até os 62 para se aposentar, significa que tem mais 15 anos pela frente para contribuir com o INSS. Completando o mínimo de 15 anos de contribuição, já terá direito à renda vitalícia.

O valor do benefício será calculado de acordo com sua renda nesse período de contribuição corrigido monetariamente. Pela nova regra da Previdência, é feita uma soma de todos os seus salários, a partir de 1994, e depois tiram uma média de quanto recebeu. O valor a ser recebido por seus anos de contribuição será equivalente a partir de 60% da média.

O período que ultrapassar os 15 anos vai influenciar no valor da sua aposentadoria: a cada ano de contribuição a mais, aumentam 2% nesse cálculo. Ou seja, se contribuiu por 17 anos, receberá 64% da média. Já se o cálculo apresentou uma média de recebimentos menor que um salário mínimo, o benefício será vitalício em um salário mínimo. Tendo, pelo menos, 15 anos de contribuição e 62 anos de idade, nenhuma mulher recebe menos que o salário mínimo.

Se você é de humanas e ver tantos números te assusta, tentei arredondar e simplificar para você conseguir fazer um cálculo básico. Não será totalmente preciso porque existem variáveis, como impostos, correção monetária, tipos de contrato de trabalho e regras de transição, mas você terá ao menos uma base de como funcionam os cálculos feitos pelo INSS. Segue exemplo:

Eva teve cinco empregos de 1994 até o momento de sua aposentadoria e contribuiu por 15 anos, tendo trabalhado exatos três anos em cada um. Seus salários são hoje equivalentes a R$ 1.200,00, R$ 1.500,00, R$ 2.000,00, R$ 2.500,00 e R$ 1.500,00. Somando todos esses valores, temos R$ 8.700,00 como resultado.

A média é obtida quando dividimos o valor total pela quantidade de empregos. Ou seja, R$ 8.700,00 dividido por cinco empregos = R$ 1.740,00.

No caso de Eva, ela receberá por 15 anos de contribuição, 60% de R$ 1.740,00. Calculamos assim:

R$ 1.740,00 x 0,06 = R$ 1.044,00

Caso tenha trabalhado com registro na carteira antes de 1994 por dois anos, o valor do salário não entra na conta, mas eleva o tempo de contribuição, de 15 anos para 17 anos, e, em vez de receber 60% da média, receberá 64%:

R$ 1.740,00 x 0,064 = R$ 1.113,60

Se o valor do resultado for menor que o salário mínimo no momento da aposentadoria, ela receberá

A VIDA ESTÁ PASSANDO... |

um salário mínimo. Se for maior, receberá esse valor equivalente.

Para aumentar o benefício a ser recebido, é necessário aumentar o tempo de contribuição e o valor mensal. Essas estratégias têm potencial de elevação de renda vitalícia e devem ser adotadas junto com outros tipos de investimento para manutenção do padrão de vida. Por isso, faça as contas.

Para fazer o cálculo exato e também conhecer as regras que são diferentes para os homens, indico o *site* oficial do INSS. Existem muitas particularidades na nova regra da Previdência e aqui estou citando apenas um exemplo, com objetivo de despertar sua curiosidade e chamar a atenção para o tema, mas é de suma importância que todos nós a conheçamos bem, pois se trata do nosso futuro.

No meu caso, falta pouco mais de um ano para completar o tempo mínimo, mas eu vou continuar contribuindo para conseguir me aposentar com um valor maior. Como sou mulher, para atingir os 100% da minha média salarial, terei que contribuir por 35 anos.

Já meu pai, que trabalhou durante muitos anos sem registro, tem apenas 15 anos de contribuição total. Devido ao fato de estar em uma das regras de transição pela idade atual, ele vai se aposentar daqui a dois anos, com 65 anos de idade e um salário mínimo. Por faltar pouco tempo e a média salarial dele ser muito baixa, vimos que não vale a pena pagar mais agora.

Voltando para o exemplo da pessoa que precisa de R$ 2 mil para se manter por mês, tendo garantido um salário mínimo vitalício pelo INSS, precisará de apenas R$ 900,00 por mês de complemento (considerando que o salário mínimo de 2021 é de R$ 1.100,00). Assim, sua reserva de R$ 195 mil, formada durante 42 anos, duraria mais que o dobro do tempo se realmente fizesse retiradas exatas de R$ 2 mil.

No entanto, fazendo esse mesmo investimento de R$ 200,00 por mês, a uma taxa de 3% ao ano durante apenas 15 anos, o valor acumulado cai drasticamente. Fica em torno de R$ 45 mil, equivalentes a cerca de quatro anos de sobrevivência com INSS e de dois anos sem o benefício.

Por essas e outras que eu indico que meus clientes comecem o quanto antes, façam a contribuição para o INSS, tenham uma previdência privada como complemento e adotem estratégias com outros investimentos em paralelo. Assim estarão mais próximos de uma aposentadoria tranquila. Até porque, com horizonte de longo prazo e vontade de aprender a investir, é possível encontrar opções muito mais rentáveis que os 3% ao ano do exemplo, é possível montar uma carteira de investimentos mesclando renda fixa e variável, para acessar investimentos diferenciados e ter diversificação. Isso vai depender do perfil como investidor e da vontade de aprender sobre o mercado financeiro.

A VIDA ESTÁ PASSANDO...

Sabendo fazer uma boa organização do orçamento para otimizar a sobra e depois investindo bem esse valor, é possível montar uma reserva suficiente em muito menos tempo que o esperado. Porém, apenas deixando a vida levar, guardando na poupança o que sobra e não se atentando às possibilidades, vai ser mais difícil se aposentar com qualidade. Inclusive, é provável que nunca se aposente, precise continuar trabalhando para sempre ou ainda dependa da ajuda de familiares para se manter. Você deve conhecer pessoas em todos esses cenários, mas, se não é isso que você quer para sua vida, precisa se mexer já.

Eu digo que organização do orçamento e investimento são temas importantes, pelo simples fato de que viveremos mais e teremos menos oportunidade de trabalho com o avançar da idade. A expectativa de vida tende a voltar a aumentar, quando a pandemia do coronavírus for solucionada. Em 2019, a expectativa para mulheres era viver até os 80,1 anos e para homens, até 73,1 anos, segundo o IBGE. Logo, precisaremos nos cuidar para viver bem a longevidade e ter grana suficiente para a manutenção do padrão de vida.

Nunca é tarde demais, mas começar hoje seria uma ideia bastante inteligente!

Carreira e conquistas

De uns tempos para cá, eu aprendi uma lição: comemore até mesmo as pequenas conquistas! Tratando-se de carreira, eu tenho várias para celebrar, partindo da realização do sonho, que foi ser contratada por um grande banco. Lá dentro eu aprendi tanto sobre o sistema financeiro e bancário que uso até hoje grande parte desse conhecimento.

Fui atendente do *call center* por quatro anos, começando pela atividade mais básica, de executar serviços bancários. No entanto, para isso, passei por um longo período de treinamento, para ter a visão do todo. Logo depois fui convidada para migrar e, nos três anos seguintes, eu atendi a central SAC. Foi um dos períodos de maior amadurecimento, aprendi sobre o Código de Defesa do Consumidor e a emprestar meus ouvidos à dor do outro, aos problemas que, muitas vezes, só precisavam de alguém disposto a tentar solucionar.

Foi durante esse tempo que me candidatei a trabalhar de madrugada. Eu precisava de um salário maior, mas não tinham oportunidades de promoção para áreas do meu interesse. De madrugada, eu recebia 35% a mais e trabalhava cerca de meia hora a menos. O problema era ir e voltar, porque eu dependia de transporte público e entrava às 23h45min. Então, em muitos dias, ia direto da faculdade, e, em outros, minha mãe me deixava no ponto de ônibus. Para voltar para casa era mais tranquilo, eu só esperava o dia clarear e estava tudo bem. Na época, eu estudava Produção

A VIDA ESTÁ PASSANDO...

Audiovisual e a educação financeira ainda não fazia parte da minha vida como hoje.

Mas após quatro anos trabalhando com atendimento direto, eu me inscrevi no processo seletivo para supervisão de atendimento. Eu trabalharia oito horas, em vez de seis horas, e receberia, trabalhando de dia, praticamente o mesmo valor, considerando os 35% do adicional noturno. Esse ponto pesou: trabalhar mais, ter mais responsabilidade e receber quase a mesma coisa. Só que era hora de crescer!

Eu fui selecionada, comemorei muito e me desenvolvi ao longo dos quatro anos seguintes como nunca antes. Tive umas dez equipes, fui líder direta de cerca de 250 pessoas e de outras 1.500 indiretamente. Ensinei, acolhi e aprendi com todas elas, e foi aí que de fato reverberou em mim a vontade de compartilhar conhecimento. Os colegas já diziam que eu era boa com dinheiro e me pediam conselhos do tipo "o que eu faço com minha PLR, pago o cartão de crédito ou invisto?", e isso me fez enxergar um potencial novo.

Comecei a estudar sobre finanças pessoais por conta e conheci o Gustavo Cerbasi, uma de minhas maiores referências no assunto. Tive a oportunidade de fazer uma pequena palestra para alguns companheiros de trabalho e observei um deles tomando nota das dicas. Pode parecer pouco, mas foi o empurrão que eu precisava para decidir que esse devia ser meu caminho. Eu conheci o Gustavo pessoalmente pouco depois, ele me deu ainda mais incentivo e comecei a estudar finanças na escola que me indicou.

Fui me apaixonando cada dia mais pelo tema e costumava usar meu tempo livre para pensar em projetos, jogos, dinâmicas, palestras e vivia dando consultoria para os amigos. Mesmo com pouca conexão com minha atividade do momento, queria ter material e experiência para mostrar para alguém, se um dia tivesse a oportunidade.

Eu sei que não é regra, que nem sempre nosso esforço é recompensado, mas, nesse caso, houve reconhecimento! Depois de quatro anos como supervisora, fui para uma área que atuava com educação financeira dentro do banco. Eles precisavam de alguém com formação em comunicação e finanças, e eu era a única do departamento com essas características. Não tinha a possibilidade de aumento de salário e eu perderia os plantões de fim de semana, então, na prática, foi uma mudança para receber menos. No entanto, entendi que era uma movimentação para plantar uma semente — ainda não era o tempo de colheita. Essa mudança de área foi também uma virada de chave, uma de minhas maiores alegrias.

Durante os dois anos seguintes, fiz a gestão de conteúdo e manutenções sistêmicas de *sites* do banco relacionados ao mercado financeiro, e tive a liberdade de pensar e apresentar ideias, propostas e projetos com a temática de educação financeira. Eu era tão ligada ao tema que, mesmo não sendo o foco do meu trabalho, consegui chamar a atenção das pessoas, e os projetos que surgiam com alguma conexão a finanças pessoais vinham para minha gestão. Até que chegou o ponto em que o diretor me cobrou, por meu trabalho não estar 100% direcionado à educação financeira, e aí tive minha chance.

A VIDA ESTÁ PASSANDO...

Eles me trocaram de área e minhas atividades eram criar e gerir o *site* de educação financeira do banco, desenvolver e validar projetos, auxiliar na criação de conteúdo para as redes sociais e estar presente representando o banco em eventos e reuniões externas. Foi mais um sonho realizado. Conheci um mundo novo, aprendi muito sobre como funcionam as redes sociais e fui incentivada a criar um perfil meu para falar de dinheiro.

Ali nasceu o **Tostão Furado**, com a missão de simplificar a educação financeira e levar conteúdo de qualidade, inclusive para quem não pode contratar. Eu sentia que o trabalho especializado de consultoria financeira estava muito distante e caro para a maioria. No curso de finanças eu havia conhecido pessoas que tinham muito mais dinheiro que eu e estavam dispostas a aprender para serem consultores de outras pessoas endinheiradas, e isso não me deixava 100% confortável. Então, o Tostão Furado chegou na minha vida e me deu a oportunidade de levar meus conhecimentos de graça para uma massa de pessoas. Porém, por mais que eu quisesse muito que o Tostão Furado desse certo, jamais imaginei as proporções que tomaria e as portas que seriam abertas.

Eu trabalhava no banco, estudava, dava consultorias e produzia conteúdo para o meu Instagram. Minha vida já estava totalmente tomada pela minha paixão, eu recebi uma promoção e, além de tudo isso, consegui dar palestras, aulas, treinamentos, e meu projeto de *webserie* foi aprovado para o Instagram do banco. Gravamos alguns episódios em estúdio que ficaram lindos! Eu até achei que ali minha carreira e minha imagem ganhariam destaque no nicho de criadores de conteúdo de finanças, mas aí vieram a pandemia e a incerteza.

Migramos para o *home office*, gravei mais alguns em casa, mas o mundo tinha mudado e nossa forma de comunicar precisaria ser revista. Durante essa pausa eu troquei de equipe, com a ideia de expandir ainda mais as possibilidades de comunicação, dar visão para todas as ações que existiam e ter espaço para criar mais. Só que a distância pesou, minha criatividade foi reduzida, minha energia baixou, eu já não estava colocando muita fé de que as coisas poderiam voltar a ser como antes ou que eu tivesse uma oportunidade de promoção em um período curto ou médio de tempo. Eu precisava de mais uma mudança.

Transição de carreira

Então, voltei para a minha planilha. Ela sempre me acompanhou em momentos de tomada de decisão, e essa era uma das grandes! Fiz um levantamento de todo o meu patrimônio (dinheiro no banco, investimentos na corretora, previdência, FGTS, imóvel, veículo e uma possível indenização rescisória). Também analisei meus recebimentos ao longo do ano e minha média de gastos. Com isso notei que, se focasse nas consultorias e nos *workshops*, eu teria

| A VIDA ESTÁ PASSANDO... |

um potencial de geração de renda próximo ao meu salário. E que, tendo mais tempo para me dedicar exclusivamente a isso, poderia também fazer palestras, publicidade e projetos com empresas, o que elevaria meus recebimentos.

Apesar de parecer uma equação simples, tomar essa decisão me partiu no meio e eu só chorava! Sabia que era a coisa certa a fazer, que era o melhor momento, que minhas reservas eram suficientes para me manter e ajudar minha família por alguns anos, mesmo que tudo desse errado. Eu sabia que precisava dar esse passo, mas ainda assim foi difícil, pois significava dar adeus a minha segunda casa e segunda família.

Foi então, com os pés no chão e lágrimas de gratidão nos olhos, que eu decidi. Saí da zona de conforto e proteção, deixei o *status* e a estabilidade, em nome da autonomia e liberdade, por acreditar no meu potencial, movida pela paixão pela educação financeira.

Essa virada de chave foi muito comemorada. A maior parte das pessoas me parabenizou pela coragem, e algumas até ofereceram trabalho em outras empresas. Me senti especial, competente e valorizada — foi uma semana incrível!

Desde essa decisão, muita coisa boa vem acontecendo. Por exemplo, fui convidada a escrever este livro uma semana depois do desligamento da empresa, colaborei como fonte de pesquisa para estudo sobre a situação financeira das mulheres chefes de família no Brasil, já fiz várias palestras para o próprio banco onde trabalhava, concedi entrevista para revista, entre muitas outras oportunidades.

À medida que a procura de clientes aumenta, tenho me sentido cada dia mais realizada e orgulhosa de mim. Apesar de nunca ter tido um cargo alto, eu amava minhas atividades, meus amigos e o ambiente de trabalho. Mas a satisfação de hoje me faz olhar para trás com carinho e gratidão, e para a frente com determinação e otimismo.

Agora só depende de mim!

O que é carreira e como fazer sua transição

Trocar de emprego não é necessariamente uma transição de carreira. Mas, para muitas pessoas, é um passo em direção ao sucesso profissional e à realização.

Eu só mudei de empresa uma vez, e foi com esse pensamento de crescer. Ali, no auge de meus 18 aninhos, nem tinha uma carreira, era mais um emprego mesmo, mas já foi bastante incrível mudar de ares.

Com o passar dos anos, fiquei boa nas atividades que desempenhava: primeiro de atendente de *telemarketing*; depois como supervisora do *call center*; na sequência, analista de canais digitais e redes sociais, e, em paralelo, a educação financeira foi tomando conta de mim e das minhas atividades. Em toda área que passei aprendi muito, e esses aprendizados construíram uma carreira.

| A VIDA ESTÁ PASSANDO... |

Eu poderia ter saído do banco enquanto era supervisora e provavelmente teria conseguido trabalhar com essa atividade em outra empresa. Poderia ter trocado o cargo de analista júnior pelo de analista pleno, indo trabalhar com canais digitais em outro lugar. No entanto, todas essas atividades, experiências e carreiras não conseguiram competir com meu amor pela educação financeira.

Aí foi o ponto em que uma reviravolta era necessária. Ganhei tanto destaque e respeito das pessoas quando o tema era esse que recebi proposta de trabalhar na concorrência pelo triplo do salário. Mas não seria uma transição, eu ainda estaria dentro de uma estrutura, seguindo normas e sem liberdade para expressar tudo o que desejo e o que tenho para compartilhar em termos de conhecimento e experiência. Então, após 13 anos muito bem vividos no banco que me abriu tantas portas, decidi sair. Não apenas sair, decidi que viver do que amo seria a chave para a minha felicidade. Era uma equação perfeita!

Ter potencial financeiro +
fazer o que amo + compartilhar conhecimento =
SUCESSO

Vou te contar como foi esse momento para mim, na expectativa de que você se identifique e decida se é um caminho que deseja ou não seguir. O que posso dizer sobre minha experiência e dos clientes que ajudo a fazer a transição de carreira é que não será tão difícil assim, se houver planejamento. Quer dizer que vai ser fácil para você dar esse passo? Provavelmente não, principalmente se gostar do que faz ou se estiver com medo do que tem por vir. Mas, quando o desejo de viver do que se ama gritar tão alto e a certeza for tão grande que não há mais condições de continuar se enganando, você vai se jogar no novo. Eu só peço que se planeje para isso, porque uma ação impulsiva sem preparo pode te colocar em uma situação complicada.

No meu caso, a decisão foi tomada em meio a uma pandemia, após oito meses de *home office*. Meu pai, no início, foi contra, mas, sabendo dos meus planos, mudou de opinião; já meus irmãos, amigos e meu namorado estavam super a favor desde sempre.

Em 2020, meu presente de aniversário foi um *business plan*, um plano de negócios feito pelo meu namorado, que é economista. Muitos cenários foram desenhados e metas foram sugeridas. Ele escreveu como uma surpresa, e eu uso e ajusto esse plano quando necessário até hoje, pois foi extremamente importante para me visualizar como empresária. Inclusive, indico esse estudo para todos os empreendedores que estão começando um negócio.

Receber apoio é muito importante quando escolhemos abrir ou fechar um ciclo. Tanto pelo encorajamento quanto pelo suporte, caso nem tudo dê certo.

Como comentei, planilhei todos os meus gastos, possíveis imprevistos, todos os investimentos, possibilidades de geração de renda, e me senti muito segura de que era possível. Além disso, após dois anos de Tostão Furado, estavam aparecendo tantos clientes para consultoria que eu já poderia me manter só com essa renda. Mas é importante que esse aspecto seja observado com mais atenção; não aconselho abandonar a estabilidade para tentar algo totalmente do zero, sem segurança e garantias.

Já vi pessoas saírem de empresas em que eram analistas para abrir um salão de beleza, sem qualquer conhecimento do mercado ou preparo, movidas por uma promessa de grandes lucros. A chance de um empreendedor iniciante, que não conhece o ramo de atuação, falhar nessa transição é muito grande. Isso porque geralmente a pessoa investe todo o dinheiro que tem de reserva e a rescisão no negócio, ou chega a tomar crédito para que o estabelecimento seja lindo, além de funcional. Em seis meses, se não buscar profissionalização nem aprender tudo que é necessário para o negócio se manter, provavelmente terá que fechar as portas.

Em alguns casos, a pessoa entrega o ponto comercial sem grana nenhuma ou endividada. Por isso quero que você siga os passos do livro como um guia. Talvez não dê para levantar agora e mudar tudo que te incomoda na vida, mas, seguindo esses direcionamentos, você pode começar a praticar uma vida financeiramente mais saudável, que abra caminhos rumo à liberdade financeira, que está muito atrelada ao trabalho e à carreira.

Eu sempre digo que o melhor momento para programar a transição de carreira é quando se está feliz fazendo o que faz, porque assim haverá mais pique para correr atrás de estudar, se preparar e investir. Também haverá mais tempo para pensar sobre o que gostaria de fazer no futuro sem pressa, sem a urgência de fazer dar certo em um curto prazo. Então, se hoje você nem pensa em mudar sua forma de trabalho, é o momento certo para imaginar e ter essa opção, caso queira ou precise um dia.

Já se para você a mudança é algo para ontem, não se sabote, não deixe que os impulsos de compensação te tirem esse foco. Segure as pontas mais alguns meses, enxugue o orçamento e guarde todo o dinheiro que puder. Sei que o trabalho muitas vezes é tão exaustivo que mal conseguimos pensar quando o turno acaba, mas se agarrar a isso só vai te manter mais e mais tempo preso a esse emprego. Nem que seja nas folgas ou nas férias, use o tempo livre que tiver de forma produtiva para sair dessa situação. Pode ser um esforço grande, mas será breve, com o objetivo de aliviar uma dor que não terá fim se você não fizer algo para interrompê-la.

Não podemos esquecer também que a desmotivação com o trabalho tende a diminuir nossa energia e a qualidade das entregas. Isso pode desencadear um descontentamento por parte do empregador e levar até à demissão. Então, ter um plano B em andamento é essencial, e garanto que tranquiliza qualquer um! Às vezes, é o empurrão que faltava para colocar uma ideia em prática, porém sem preparo podemos cair facilmente na empolgação do exemplo do salão de beleza.

Transição de carreira é assunto sério, demanda análise da situação atual, ajuste de padrão de gastos, preparação e avaliação das possibilidades e consequências. Não deve ser tomada por impulso,

A VIDA ESTÁ PASSANDO...

nem com base em promessas de enriquecimento instantâneo. Mas com planejamento, tempo, autoconhecimento e dedicação, podemos acreditar que vai dar certo!

Como está sua energia ao analisar sua carreira e relembrar sua trajetória até aqui? Pensou em alternativas de renda extra para poupar para o futuro? Viu-se trocando de emprego, montando um negócio, voltando a estudar ou se reinventando? Não deixe esses pensamentos passarem batido, escreva aqui o que fará para mudar de ares.

7

GUARDAR DINHEIRO É UM COMPROMISSO COM VOCÊ E PARA VOCÊ MESMO

ECONOMIZAR PARA QUÊ?

EU ACREDITO QUE GUARDAR DINHEIRO SÓ É RUIM QUANDO NÃO se acredita no plano que se tem para gastá-lo depois. Se você sonha com uma viagem internacional, mas no fundo acha que nunca vai acontecer, que está muito distante e só vai dar certo se ganhar um dinheiro inesperado um dia, é pouco provável que você economize ativamente para viabilizar essa viagem.

No entanto, além de acreditar na realização do sonho, é preciso se preparar para ele. A gente gostaria de poder dormir aqui e já acordar no lugar de destino, com tudo pago e resolvido, mas não funciona assim. Esforço e dedicação são necessários, inclusive para que se dê valor ao sonho e ele tenha sabor de conquista.

Então, vamos ao primeiro ponto: você não precisa parar de viver, nem de fazer o que gosta em nome de um sonho. A menos que você queira realizá-lo em curtíssimo prazo, acredite que nada é mais importante que isso e que todo sacrifício vale a pena! Em situações não tão urgentes, em que cabe fazer um planejamento, é importante ter certeza do que realmente quer, calcular quanto isso vai custar e decidir quando realizar. Se seu prazo for muito curto, será necessário mais esforço para economizar e gerar renda, mas você vai juntar esse dinheiro feliz, porque logo estará lá! Porém, se não tiver problema em esperar um tempinho a mais, não precisará mudar muito seu padrão de vida; basta separar a quantia exata todo mês, até chegar ao montante ideal. Ou seja, tudo depende da sua pressa. Mas eu não diria para você relaxar, não colocar um prazo e só deixar rolar. É preciso criar uma meta, caso contrário você pode entrar naquela onda de esperar o milagre acontecer e deixar outras eventualidades passarem na frente. Ter prazo é preciso, mas que seja um prazo realista, já contando com suas despesas atuais pagas, com a possibilidade de imprevistos e mudanças nos planos.

Para te ajudar nesse cálculo, vamos de exemplo:

> Joana quer ir para Amsterdã. Mais do que isso, ela tem o sonho de passear de bicicleta entre os canais do centro da cidade. Cotou o preço médio das passagens de avião ao longo dos meses, pesquisou custos com transporte e alimentação para uma estadia de oito dias e analisou se seria melhor ficar em hotel ou hostel com quarto compartilhado. Pelos cálculos dela, seria necessário ter cerca de R$ 10 mil. O salário de Joana é de R$ 3.400,00,

GUARDAR DINHEIRO É UM COMPROMISSO COM VOCÊ E PARA VOCÊ MESMO

mas ela paga todas as contas da família, então sempre diz que nunca sobra.

Em seu trabalho, pelo regime CLT, Joana pode tirar 30 dias de férias por ano, podendo dividir o período em dois ou vender dez dias. Ela definiu que quer ir viajar daqui a exatos 12 meses, ou seja, precisa dividir os R$ 10 mil por 12 para ter uma média, que seria de R$ 833,33 mensais. Como Joana receberá uma grana pelas férias, aquele valor de aproximadamente um terço do salário, terá cerca de R$ 1.000,00 livres e poderá baixar para R$ 750,00 a economia mensal.

Mas aqui surge um ponto: se hoje não sobra nada, o que fazer para de repente sobrar R$ 750,00 todo mês na conta? Uma análise de gastos e ajuste de orçamento é a resposta. Ela precisará reduzir gastos pessoais e da família como um todo para conseguir fazer sobrar uns tostões, ou seja, todos precisarão estar alinhados para que a economia aconteça, e ela deve manter o foco de guardar essa quantia antes de ter a oportunidade de gastar por impulso.

Porém, ainda assim, pode ser que não dê para juntar o mesmo valor mensalmente e falte uma parte. Dependendo de quanto for, Joana pode vender esses dez dias de férias, já que sua viagem terá oito dias de duração. Pode pensar em fazer algo para vender ou tentar algum trabalho como *freelancer* com o objetivo de conseguir o valor que falta. Outra possibilidade é parcelar a passagem aérea e continuar pagando após a viagem, respeitando o valor que consegue absorver no orçamento. E ainda tem o 13º salário, que pode entrar na conta e reduzir o prazo ou a economia mensal.

Porém, se mesmo considerando todas as opções Joana não conseguir fazer uma economia mensal suficiente em 12 meses, o que precisará mudar no plano será o prazo. Se ela alterá-lo para 24 meses, a necessidade de economia mensal cairá para a metade, ou até menos. Já considerando que ela vai receber os 30% das férias dos dois anos, vender dez dias em cada ano e usar um 13º salário, ela precisará de menos que R$ 3 mil extras, que, economizados ao longo de 24 meses, equivalem a R$ 125,00 mensais.

Percebe como é tudo uma questão de objetivo, prazo, dedicação, esforço e autocontrole? O que parecia um sonho impossível pode ser realizado com certo esforço em um ano ou, com um pouco mais de paciência, em dois anos. Ela talvez precise abrir mão de fazer uma pequena viagem por um ano e vender as férias para sobrar um pouco mais. Talvez tenha que se segurar para não gastar o que conseguiu juntar e trabalhar a disciplina para guardar o mesmo valor todo mês. E assim o sonho se realizará!

Será que não vale a pena?

Faça você o cálculo de seus sonhos e responda a essa pergunta.

Imprevistos x liberdade financeira – Como chegar lá?

Viva num degrau abaixo do que seria possível, já te disseram isso? Não é conversa de quem quer te ver na pobreza, ou em uma situação de nunca conquistar os objetivos. Viver num degrau abaixo é o oposto disso. É entender o tempo certo de todas as coisas e se preparar para algo maior.

Durante boa parte da minha infância e adolescência, minha família viveu no limite e, quando tinha uma grana a mais, consumia mais, então essa história de viver num degrau abaixo não colava. O que conquistamos com essa mentalidade? Com certeza, muito menos do que nosso potencial. Só tivemos condições melhores de vida quando os filhos cresceram e começaram a trabalhar. Nesse ponto, quando tive uma boa oportunidade de emprego e me tornei responsável financeiramente, de forma instintiva me mantive em um degrau abaixo. A razão era o medo dos imprevistos, e o propósito era alcançar a liberdade financeira.

TOSTÃO FURADO POR MARI FERREIRA

Sem objetivos somos um barco à deriva, então, independentemente de quais sejam os seus planos, é preciso agarrar agora o controle de sua vida financeira.

Não quero que você tenha medo dos imprevistos como eu tinha. Quero que você se prepare para eles, já que sabemos que vão acontecer em algum momento. Podem ser imprevistos pequenos, como um chuveiro que queima, ou algo maior, como um acidente de carro. Infelizmente já passei pelos dois. No caso do chuveiro, muitas vezes; já o acidente, espero que não se repita. Mas de tudo tiramos lições...

Eu, aos 24 anos, no caminho do trabalho em um domingo de manhã, esperava pacientemente que o semáforo abrisse. Quando ficou verde, segui, dei seta e entrei à esquerda. A próxima lembrança não é muito nítida, duas pessoas rolando por cima do capô. Depois várias pessoas se aglomerando e meu mundo caindo. Alguns querendo achar um culpado, outros me confortando. Ambulância e viatura da polícia chegaram na sequência. Os motoristas dos carros que estavam comigo no farol são testemunhas, todos dizem que a culpa não foi minha, que era impossível evitar.

Nesse dia, atropelei uma mulher e um menino de uns 9 anos. Graças a Deus só houve arranhões. Eles atravessaram fora da faixa de pedestres, em uma esquina movimentada, onde não é permitido atravessar. Acho que ela pensou "vamos aqui mesmo, corre que dá tempo", como todos nós já fizemos alguma vez na vida.

GUARDAR DINHEIRO É UM COMPROMISSO COM VOCÊ E PARA VOCÊ MESMO

Mas dessa vez não deu tempo. A mãe da criança chegou e estava bastante irritada com a outra mulher, e nenhuma delas quis falar comigo. Ofereci ajuda, pagamento de remédios e o que fosse necessário, mas nunca tive resposta das ligações.

Fiz o que pude, registrei boletim de ocorrência, me coloquei à disposição deles e arquei com os custos do estrago do carro, quando foi possível. O estresse do momento e a tristeza me bloquearam por um longo tempo, tanto que eu não queria contar para a família, e isso se tornou um assunto meio proibido, pois doía muito. Foi um trauma e, por mais que eu tenha certeza de que não daria para evitar, isso mexeu comigo. Toda vez que eu olhava o capô do carro, a cena voltava à minha mente. Só que não dava para eu pagar o conserto naquele momento, pois eu tinha acabado de comprar um apartamento e estava refazendo minhas reservas. Não considerei o amassado uma urgência, porque o dano era apenas estético e o carro funcionava normalmente.

Então, aqui eu te apresento um pouco do que eu considero imprevisto, mas também te mostro que, no meu ponto de vista, nem todo imprevisto precisa ser remediado no ato, principalmente quando não se tem uma reserva robusta o suficiente. Pagar custas de remédios ou de um processo poderia ter sido necessário em uma situação semelhante, e aí seria uma prioridade para mim. No geral, as escolhas são individuais; você pode discordar da minha, e tudo bem, mas gostaria que você refletisse sobre o quanto suas decisões são baseadas em fatos (o carro ainda funciona) ou em emoções (não suporto ver o amassado). Tendo isso claro, creio que será menos complicado decidir entre usar ou não sua reserva quando algo acontecer.

Decisões desse tipo são muito particulares, então respeite o que considerar o certo a fazer.

A reserva não precisa ser feita só para imprevistos, podemos usar também para sair de situações que não nos fazem bem e aproveitar oportunidades. E era aqui que eu queria chegar, liberdade financeira!

Muitas pessoas permanecem em um emprego que não evolui, em um relacionamento infeliz ou na casa dos pais por não terem condições financeiras de sair. É impossível ser forte o tempo todo, então isso acaba afetando muitos outros lados da vida, como o emocional e até mesmo o físico. Ter uma reserva nessa hora pode ser o alicerce que você precisava para apoiar sua decisão. Se você está em uma situação dessas, lembre-se de que há saída, mas o movimento começa por você. Se preciso for, peça ajuda, mas não se contente com menos do que merece, nem se deixe levar pelo desânimo de recomeçar.

A reserva pode também ser muito bem explorada, se você tiver uma boa ideia e decidir investir nela com visão estratégica. Como no caso de uma transição de carreira. Seu melhor aproveitamento se dará quando você planejar muito bem seu uso e sua reposição. É isso mesmo, dependendo da finalidade, você poderá usar sua reserva, mas precisa ter um prazo para repor o valor depois.

GUARDAR DINHEIRO É UM COMPROMISSO COM VOCÊ E PARA VOCÊ MESMO

Considerando que uma reserva deve ser equivalente a, no mínimo, seis meses de gastos (e que em dois anos, guardando 20% do valor por mês, você chega lá), tente fazer o possível para não usá-la integralmente, porque pode demorar um pouco até que seja restabelecida. O ponto aqui é usar apenas o necessário, em algo que faça sentido para você e tenha projeção de lucro. Mas, por favor, fuja de promessas mirabolantes, de histórias de enriquecimento instantâneo em pirâmides, de ligações pedindo depósitos para ganhar prêmios e de investimentos que pareçam bons demais para serem verdade, pois geralmente não são mesmo.

Vimos aqui que a reserva pode ser usada de várias formas, e o que eu desejo é que você observe que todas elas envolvem processos de decisão, porque é você quem determina o que fazer com seu dinheiro. Mas, escolhendo o destino certo e fazendo o possível para que ela cresça, você caminha rumo à liberdade financeira. Que nesse caso nada mais é do que ter dinheiro suficiente para fazer o que precisa e realizar o que deseja no curto, médio e longo prazo. Lembrando que estamos falando da reserva que começa com, no mínimo, seis meses de gastos, mas que deve continuar a ser alimentada para investir nos outros sonhos.

Como sair das dívidas

Ao contrário de muita gente, eu não acho que o endividado tem culpa de ter essas dívidas, nem acho que o cartão de crédito, o cheque ou o empréstimo são os vilões. A falta de educação financeira, na minha opinião, é a maior responsável pelo endividamento da população. Digo isso porque, quando analisamos a origem dos problemas financeiros de cada um, fica nítido que as coisas geralmente saem do controle quando se compra algo além das possibilidades de pagamento ou acontece um imprevisto.

Ambos os casos poderiam ser evitados se a educação financeira estivesse presente. Se as pessoas fossem educadas para saber poupar em tempos de estabilidade e investir com estratégia, teriam condições de arcar com os imprevistos da vida. Se não houvesse tanto estímulo ao consumo e tão pouco incentivo à educação, não viveríamos num padrão de vida mais alto do que nossa renda permite e poderíamos comprar o necessário sem a necessidade de parcelamento.

Entenda que a culpa não é sua — já falamos disso nos capítulos anteriores, mas reforçar é importante. Se ninguém te ensinou e se a situação nunca aconteceu com você ou alguém próximo, é bem provável que você tenha dificuldades em lidar com isso. Tomar decisões precipitadas, por puro impulso, falta de informação ou por comodidade, é um reflexo dessa falta de estímulo. Mas, a partir do momento em que se entende que a realidade de hoje é estar endividado, procurar culpados não resolve; o caminho é puxar da memória a origem da dívida e buscar alternativas para sair disso.

Ao se lembrar dos motivos que te fizeram contrair a dívida, você pode usá-los como lição para não repetir o erro, analisar se havia outras opções e rever a forma como se planejou para o pagamento.

Olhar para as dívidas pode doer, mas vê-las crescendo machuca ainda mais, então vamos compreender quais são as dívidas tomadas por necessidade e falta de alternativa e as dívidas em consequência de más escolhas. Lembre-se de que até as dívidas originadas de situações mais críticas poderiam ser evitadas ou reduzidas, se houvesse uma reserva constituída antes do imprevisto. Portanto, trabalhar na construção de uma nova reserva será tão importante quanto buscar alternativas de quitação.

Eu escuto muito a seguinte pergunta: "Como guardar dinheiro, se estou endividado?". A resposta não é óbvia, e às vezes é complicado dar esse direcionamento, mas há dívidas que precisam esperar que você tenha o suficiente para pagar. Alguns tipos de renegociação podem ter taxas de juros tão altas que praticamente impossibilitam o pagamento, muito disso porque se trata de um crédito de confiança, concedido a alguém que já quebrou a confiança da instituição uma vez.

Você já viu pessoas contarem que se endividaram, tentaram uma renegociação, mas não conseguiram seguir com o pagamento? Essas poucas parcelas que pagaram são praticamente descartadas em uma próxima negociação, quando novos juros entram no cálculo. E é assim que uma dívida de R$ 700,00 de um cartão de loja vira R$ 15 mil depois de dois anos. São juros sobre juros em cada atraso, em cada renegociação. Ou seja, não vale a pena.

Meu conselho para quem está no meio dessa situação é olhar de fora, questionar qual seria o valor para quitação hoje com desconto, argumentar até chegar a um valor razoável e iniciar sua reserva. Por mais que você possa parcelar esses R$ 15 mil em 150 parcelas de R$ 100,00 para caber no bolso, não faça isso. Guarde esses R$ 100,00, ou um pouco mais, se puder, todos os meses, e quando chegar próximo ao valor que vocês haviam negociado anteriormente, contate a empresa e ofereça o pagamento à vista. Essa é a melhor forma de pôr fim em uma dívida que já está se arrastando.

Uma questão que você pode ter é sobre a negativação do nome, porque geralmente, ao pagar a primeira parcela de uma renegociação, o nome fica "limpo" de novo. Mas, acredite, a menos que você precise disso nesse momento e não possa esperar, é melhor passar um tempo negativado e depois ficar para sempre com o nome em situação regular do que tê-lo negativado mês sim, mês não. Seu histórico de crédito e seu *score* são medidos com base na sua capacidade de honrar compromissos financeiros, em outras palavras, de pagar tudo em dia, então começar renegociações e abandoná-las no caminho só vai piorar as coisas.

Há também situações em que não há como juntar a reserva nem pagar as parcelas, como é o caso de milhões de brasileiros que estão sem trabalho e renda. Para essas pessoas, eu só peço calma e confiança de que as coisas vão melhorar com o passar dessa crise tão grave.

O desemprego não define uma pessoa, nem determina sua responsabilidade e sua honestidade. Há momentos em que simplesmente não temos o controle sobre a situação e suas consequências, e nem a reserva é suficiente, e estamos com perdas maiores do que as financeiras para lidar. É por isso que peço calma!

Se não há nada que possa ser feito agora, não se deixe levar pela vontade de pagar de qualquer jeito, não entre em uma renegociação que já sabe que não conseguirá pagar. Isso vai ser pior para você, pois estará abrindo mão de um valor que te fará falta e mal abaterá a dívida quando forem calculados mais juros sobre o próximo refinanciamento.

Agora, se você tem uma sobra mensal, que poderá ser útil para a quitação dos seus pagamentos, sem comprometer a segurança financeira da família, nem atrasar outras contas importantes como aluguel e energia, por favor, use-a. Aceitar a inadimplência e negativação do nome é o último caso, quando sabemos que não vamos conseguir arcar com as despesas e um refinanciamento. Mas, se você calculou tudo certinho e sabe que dá, não tem por que não fazer.

Para quem está endividado, o controle emocional é tão crucial quanto a organização financeira. A ansiedade prejudica o raciocínio lógico, e, como tomamos a maior parte de nossas decisões usando o sistema emocional, em situações de endividamento, uma decisão por impulso pode te colocar em uma bola de neve que rola por anos.

Vamos então fazer um combinado: olhar para as dívidas e pensar em como quitar cada uma a seu tempo? Você analisa individualmente cada dívida, começa a montar sua reserva e a pagar aquelas das quais é mais fácil se livrar ou que têm maiores juros.

Não se deixe levar pela vontade de resolver tudo rapidamente e juntar todas em novo e caro empréstimo. Organize seu orçamento, separe um valor para poupar todo mês e determine quando quitar cada dívida. Não importa se vai levar seis meses ou um ano — ao pagar à vista, o objetivo é frear a bola de neve e não entrar em mais parcelamentos. Acredite em seu potencial e tenha determinação e disciplina para concluir os planos, aumentando com isso a chance de poder recomeçar sem dívidas e com o nome regularizado definitivamente.

Como garantir o futuro dos filhos

Antes de projetar o futuro do seu filho, garanta o seu; ele vai te agradecer muito mais por isso.

Parece egoísmo pensar só em si, quando sabemos que os pequenos são seres indefesos e dependentes. Porém, eles vão crescer, assim como você cresceu, e precisarão aprender a encarar a vida também. Enquanto isso, você envelhece e, se não tiver feito um bom colchão de segurança, pode precisar da ajuda do filho. Agora

GUARDAR DINHEIRO É UM COMPROMISSO COM VOCÊ E PARA VOCÊ MESMO

imagine se ele foi criado com tudo que tinha direito, e você pagou carro, faculdade, intercâmbio, apartamento... Como ele vai conseguir se virar sozinho, se nunca foi ensinado? Como vai se manter, lidar com desafios e imprevistos, tendo que te ajudar?

Precisamos olhar para essa realidade, porque a tendência é querer superproteger as crias, em qualquer espécie, mas uma leoa que não ensina o filhote a caçar o está condenando a uma vida de insegurança, dependência e fracasso, pois, quando ela se for, ele ficará à mercê da sorte.

Gosto da ideia de fazer uma poupança, previdência, ou qualquer investimento que seja, ao longo da vida, para ajudar o filho quando chegar à fase adulta, mas só se você já tiver uma economia mensal (maior) para você mesmo. Se o único investimento que tem hoje é uma previdência para seu filho usar quando tiver 18 anos, você está muito errado. E por quê?

Você se lembra de como era maduro aos 18 anos? O que teria feito se seus pais te dessem uma bolada? Quanto tempo duraria? Agora, voltando para sua realidade, como você usou os primeiros salários da sua vida? Foi com muita sabedoria? O que te faz pensar que seu filho, que ganha tudo que você pode e não pode dar, vai saber usar bem esse dinheiro?

Antes de programar uma poupança para os pequenos, precisamos programar uma para nós mesmos. O maior favor que você pode fazer aos seus filhos é educá-los financeiramente, para que saibam o valor do dinheiro, façam as próprias economias e entendam quando você diz que não pode comprar um brinquedo, ou que, mesmo podendo, acha melhor depositar o valor na poupança dele para o futuro, ou juntar para o presente de Natal. Esse tipo de conversa é muito relevante para o adulto que você está criando e fará muita diferença ao longo da vida dele. Geralmente o "não" ensina muito mais do que o "sim". Pratique isso em casa!

Há coisas que nunca nos são ensinadas, por exemplo, como declarar o imposto de renda ou como analisar um contrato de financiamento. Chegamos à fase adulta sem ter a menor noção de como se faz isso, e muitos detalhes acabam passando batido, alguns cruciais, que podem levar diretamente para o endividamento. Então, se nem o básico, que seria aprender a guardar o próprio dinheiro e resistir às tentações, for ensinado durante a infância e a adolescência, esse adulto vai sofrer muitas consequências.

E você, se não cuidar das suas finanças, vai envelhecer sem reservas, sem deixar de trabalhar, na total dependência do INSS (se tiver contribuído ao longo da vida) ou precisando do seu filho para sobreviver. E, acredite, se ele não foi criado para ser um adulto organizado, mal terá como manter o próprio padrão de vida, que dirá ajudar você!

Por isso, minha maior recomendação aqui é: cuide do seu futuro e dê o exemplo, seja você a pessoa em quem seu filho se espelha para fazer boas escolhas. Eu penso que não quero ouvir do meu filho frases como "ela abriu mão de tudo por mim e agora chegou a hora de eu retribuir" ou "minha mãe me deu tudo, só que agora

GUARDAR DINHEIRO É UM COMPROMISSO COM VOCÊ E PARA VOCÊ MESMO

as coisas estão difíceis para ela e eu estou precisando dar um jeito de ajudar". Eu prefiro escutar "minha mãe era muito organizada, me ensinou a cuidar do meu dinheiro e hoje eu invisto e ela tem a vida dela, é independente". E você, qual frase quer escutar lá na frente? E de acordo com seus hábitos e ensinamentos, qual você acha mais provável?

As crianças são esponjinhas, têm uma grande capacidade de absorver aprendizado, principalmente pela observação, então não adianta dar moedas e pedir a elas que não gastem e coloquem no cofrinho, se você está com a conta negativa e continua chegando em casa com sacolas.

A criança também quer seus "recebidos" e vai te cobrar, caso você não demonstre autocontrole. Ter um cofrinho é legal, eu diria essencial, mas nada será mais importante que o exemplo que ela vai absorver dos adultos. E, mesmo que você não tenha um papel ativo ao ensinar conceitos de educação financeira infantil, pode ter certeza de que ela vai te observar e copiar sua maneira de agir. Por isso, também, é que você precisa cuidar das suas finanças em primeiro lugar, e, se você for fazer qualquer economia para o futuro dela, converse a respeito: a criança precisa saber dos sacrifícios para dar valor quando receber.

Existem inúmeras opções de investimento que você pode fazer para um filho, e falaremos mais sobre eles no próximo capítulo, porém nenhum tem rendimentos vitalícios e tão altos quanto a educação financeira.

Falamos sobre a importância de economizar, organização de orçamento, imprevistos, reservas, dívidas, futuro dos filhos, e você deve ter refletido muito sobre suas próprias escolhas. Então coloque aqui suas impressões, ideias e planos para mudar alguns hábitos que farão diferença na sua vida e na de sua família.

8

DINHEIRO E SEU PROPÓSITO

POR TRÁS DOS TOSTÕES FURADOS

DINHEIRO SEM PROPÓSITO É SÓ UM MONTE DE TOSTÕES FURADOS, e a gente não pode tratar o nosso tão suado dinheiro dessa forma. Mas, quando não estamos felizes, dinheiro é só dinheiro. Não, ele não traz felicidade, mas ajuda a resolver e prevenir inúmeros problemas que poderiam nos deixar bastante infelizes. Eu sou grata por cada tostão que ganhei, mas já houve um tempo em que ele pareceu ter pouco ou nenhum sentido para mim.

Aos 25 anos, recebi aquela boa oportunidade de comprar um apartamento barato, com uma parcela de R$ 670,00, que caberia no meu orçamento de R$ 2.600,00. O imóvel rapidamente foi alugado e se pagou. Como investimento, deu tudo certo. Só que eu não estava feliz, passava por uma fase difícil na vida pessoal, ainda não tinha certeza se estava tomando o rumo certo. Sofria por um amor não correspondido, por tentativas frustradas e falta de perspectiva profissional.

Foi então que comecei a estudar finanças e me abrir às possibilidades. Desde o primeiro dia de curso, eu sabia que faria isso para sempre — a educação financeira e a possibilidade de ensinar outras pessoas me ajudaram a recuperar o brilho nos olhos. Foram três anos estudando e estagiando, atendendo pessoas gratuitamente e aprendendo com elas. Havia encontrado meu caminho, mas estava em meio a crises de ansiedade e medo da solidão.

O pensamento que não me saía da cabeça era: "Para que ter tudo isso, se não consigo ter ao meu lado quem eu amo?". Ali, no terceiro ano de curso, eu caí. Foi uma fase difícil, meses de incerteza, de falta de esperança. Eu não saía sozinha mais, eu não conseguia nem almoçar sozinha. Havia acontecido o acidente de carro em 2013, e, por mais que já estivéssemos em 2016, algo em mim ainda não estava certo. Era a ausência de controle.

Eu estava acostumada a controlar, pelo menos minimamente, os fatos à minha volta, mas ali estava tudo fora de controle. Eu achava que em breve me tornaria professora na escola onde havia estagiado, no entanto isso nunca aconteceu. Eu tinha fé de que um dia aquele cara, por quem eu era apaixonada há anos, ia me olhar e me enxergar de verdade, mas isso também não deu certo. Eu só tinha bens que não me preenchiam. Eu não contava nada disso para ninguém da família; queria, em parte, poupá-los, mas também não queria ter que dar muita satisfação, pois sempre valorizei a autonomia.

Então conheci uma terapeuta holística, Divanise Salto, que me enxergou por dentro e me fez enxergar também. Como eu podia culpar o mundo por não ver meu potencial, quando eu não o valorizava? Como ser de fato independente, e não apenas financei-

DINHEIRO E SEU PROPÓSITO

ramente, quando eu não conseguia nem fazer compras sozinha? Ela me desafiou, me deu uma meta impossível: eu precisava viajar sozinha. Entre soluços, eu disse que não, nunca. Eu não achei que fosse capaz de tanto. Voltei pra casa e dois meses depois estava no aeroporto, em pânico, sozinha.

Ela me disse que, a partir do momento em que eu aceitasse estar sozinha, jamais me sentiria assim de novo. Eu me agarrei a isso e acreditei. Me vi esperando um voo para Santiago, no Chile, no meio do que parecia ser uma excursão. Vieram falar comigo porque acharam que eu era do grupo — grupo de blogueiros, especialistas, *youtubers* e *instagrammers* que estavam viajando para cobrir o lançamento de um carro na Argentina. Eu não tinha o Tostão Furado ainda, só uma página quase inativa no Facebook, mas achei aquilo o máximo. A semente estava plantada.

No Chile, eu fiquei em um hostel. Foi minha primeira vez nesse tipo de hospedagem, que todos diziam que era mais fácil para fazer amigos. O dono do lugar me recebeu muito bem. Logo outros hóspedes chegaram, e, adivinhe, eu não fiquei sozinha um só dia. Também conheci um rapaz ótimo, que me ajudou a recuperar a autoestima e entender meu valor. Minha vida melhorou depois dessa viagem, eu mudei e tudo começou a mudar ao meu redor.

Foi aí que troquei de área no trabalho, saí do *call center* e pude começar a trabalhar com educação financeira no banco e atender mais pessoas fora também. É incrível como a autoconfiança é capaz de nos elevar.

Viajei sozinha mais duas vezes, e na terceira, em 2018, o Tostão Furado estava nascendo e eu me sentia muito empolgada com meus primeiros 200 seguidores. Na Colômbia, eu também não fiquei sozinha, novamente me hospedei em um hostel, que eu aprendi que é lugar de gente que gosta de gente, além de ser muito mais barato. Lá eu conheci um alemão bonito, simpático, que me convidou para um passeio. Eu aceitei, e viajamos juntos pela Colômbia nos 15 dias seguintes. Depois descobri que ele também é inteligente, espiritualizado, tem uma família maravilhosa e ama viajar. Até hoje estamos viajando, nesse namoro que atravessa oceanos, e, mesmo quando ele não está aqui, eu nunca estou só.

Você já sentiu isso? Eu nunca tinha sentido.

No ano em que eu o conheci, o Tostão Furado nascia e eu ganhava mais espaço no trabalho, estava sempre saindo com as amigas e já estava com minha reserva restabelecida. Me lembro de pensar: "nossa, estou feliz demais, espero que nada de ruim aconteça". Então, pouco tempo depois, minha mãe sentiu um mal-estar. Foram alguns picos de pressão alta e um pequeno AVC. Eu fiquei assustada e a cobrei muito para parar de fumar, só que ela já fumava há 40 anos, e não é fácil abandonar um vício.

Era dezembro, nós duas fomos a um churrasco na casa da vizinha, onde a gente tinha morado nos dois cômodos da frente por um tempo. Eu estava ajudando com as bebidas quando escutei alguém gritar meu nome. Minha mãe não estava bem. Fomos para o pronto-socorro, depois ela foi transferida para o hospital, onde ficou internada por uns dias. Sofreu outro AVC enquanto dormia, pior do que o anterior, e ninguém sabia o que fazer.

Nesse dia eu a visitei no meu horário de almoço e contei que havia sido promovida, ela mal se mexia, mas sorriu e apertou minha mão. O AVC tinha sido grave mesmo e demandou uma transferência para outro hospital, onde ela passou por um cirurgia para drenar a hemorragia cerebral. Ela sobreviveu, ficou em coma por algumas semanas e voltou. Perdeu os movimentos de um lado do corpo e a fala, estava muito fraca, mas mantinha o bom humor.

Foram três meses de internação e todos nós aprendemos muito com isso, desde união a cuidados médicos. Ela queria muito ir embora, já estava bem, quase andando. Organizamos tudo em casa, contratamos uma enfermeira e estávamos só esperando sua saída, mas, quando o médico passou para dar alta, ela ficou nervosa, com medo de ir para casa. Eu estava trabalhando, mas consegui falar com ela no horário de almoço para tranquilizá-la. Então, à tarde veio a notícia: parada cardíaca e respiratória. Foram 21 minutos de agonia, até que ela respirou de novo. Voltou para a UTI e fomos vê-la, mas ela já tinha ido embora, não reagia a estímulos, não nos reconhecia. Ela teve morte cerebral parcial irreversível.

Nesse momento começou um novo capítulo da nossa vida, quando ela voltou para casa sem consciência, com máquina de oxigênio, uma traqueostomia e tubo de alimentação gástrico plugado diretamente na barriga. Tivemos que contratar enfermeira, fisioterapeuta, médico, alugamos uma cama hospitalar e compramos tudo, de gaze e seringa a aparelho de aspiração pulmonar. Também recebemos muitas doações.

Nessas horas, ter dinheiro foi importante, porque meu pai parou de trabalhar para poder ajudar nos cuidados, desde o tempo em que ela estava internada. Meu irmão mais novo, que estava estudando e buscando emprego, se viu obrigado a parar a busca. Minha mãe precisava de acompanhamento por 24 horas, não tinha plano de saúde e não tínhamos como contratar uma equipe de enfermeiros para irem trocando de turno.

Meu pai e Gustavo foram heróis, abriram mão de tudo por ela, e eu nunca vou poder agradecer o bastante. Enquanto isso, os demais filhos trabalharam para poder manter a casa e os cuidados. Eu foquei nas consultorias, pois nosso salário não era suficiente e eu precisava de uma válvula de escape.

Meu irmão Eduardo chegava do trabalho e ia direto falar com ela, abraçá-la, contar sobre o dia — pense em um filho carinhoso! Eu tive dificuldades, lutei muito pela vida dela no hospital, falei até com o prefeito da cidade, fiz o que pude, mas não foi o bastante para salvá-la. Então, vê-la em casa, por dois anos, sem uma reação sequer, apenas perdendo peso e tossindo o dia todo, acabou comigo. Veio a pandemia, o *home office*, e eu só saía da cama para trabalhar, não queria sair do quarto; a realidade do lado de fora era pesada demais para ser encarada.

Quando decidi pedir demissão, lembro-me de ter pensado que, se ela pudesse opinar, nunca teria deixado, pois tinha muito medo

DINHEIRO E SEU PROPÓSITO

de que nos faltasse algo. Sair de casa, então... Para que eu sairia, se em casa ela me dava tudo? Infelizmente, ela não pôde opinar e quatro meses depois recebi a ligação do meu pai — que nunca me liga, pois prefere mandar áudio. Ele me disse para ir para casa, pois parecia que minha mãe não estava respirando.

Em dez minutos eu estava lá, tentando achar o pulso dela, mas o aparelho medidor não o encontrava; ficava zerado nela, e em mim funcionava. Nesse tempo dentro do hospital, e com as enfermeiras e fisioterapeutas que cuidaram dela, nós aprendemos muito, a ponto de meu pai preferir cuidar dela sozinho.

Posso afirmar que realmente ele e o Gustavo cuidavam dela melhor que qualquer um. Eles me disseram que fizeram de tudo para ela não ir embora — massagem, aspiração, inalação, meu pai colocou uma música para tocar, segurou na mão dela e disse que iam dançar... Ele sabia que ela devia estar sentindo medo, então queria acalmá-la. Pouco tempo depois, ela suspirou e fechou os olhos.

A gente imaginava que isso aconteceria em algum momento, pois ela estava em estado vegetativo havia dois anos. Cada um fez o que pôde e a gente sabia que prolongar a vida dela, naquela situação, era egoísmo, mas ainda existia esperança de um dia ela olhar nos nossos olhos e dizer que voltou.

Quando alguém que a gente ama vai embora, leva uma parte de nós. Não tem dinheiro que pague um dia sequer sem a presença dela aqui. Eu só agradeço por ter podido fazer o melhor por ela e ter tido uma mãe tão maravilhosa.

Escrevo este livro enquanto vivo o luto pela perda da minha mãe. Compartilho da dor de milhões de brasileiros que perderam alguém nessa fase terrível de pandemia. Tive anjos no meu caminho, me guiando nessa vida de altos e baixos, desde meus pais e irmãos, amigos e amores, até líderes e professores, por isso hoje eu sei que nunca estive e nunca estarei sozinha. Mas mesmo assim, mesmo sentindo essa dor, eu não posso deixar de pensar que minha missão aqui precisa ser cumprida. E eu vou seguir levando o que sei para o máximo de pessoas que eu puder ajudar.

Foco e resiliência

Nem tudo vai sair conforme planejado, e já ficou bem claro que não temos o controle de nada. O que podemos fazer é um esforço para manter o foco e ser resilientes quando o mundo parecer que gira contra nós. Se a cada obstáculo ficarmos mais fracos, não será possível vencer; se a cada dificuldade preferirmos desistir, a caminhada terá sido em vão.

Vamos focar! Este ainda é um livro sobre educação financeira e, apesar de nem tudo ser sobre o que o dinheiro pode comprar, ele nos dá acesso à liberdade. Por isso, quero convidar você a seguir em frente comigo e se descobrir mais forte e capaz do que imaginava ser.

| DINHEIRO E SEU PROPÓSITO |

Planejamento financeiro

Quem devemos incluir em nosso planejamento e organização financeira?

Temos ouvido muito falar sobre planejamento financeiro e sua importância, mas seu significado nem sempre fica claro para todos, pois cada um vê o dinheiro e sua gestão de um jeito diferente. No entanto, vou adiantar aqui o meu ponto de vista. Planejamento financeiro, para mim, caminha ao lado do planejamento de vida. Ou seja, se você sabe o que quer, quando e como deseja, é bem provável que consiga fazer um ótimo planejamento financeiro, já que esses são os primeiros passos. Entender de números é desejável, mas nem de longe é obrigatório. Se você consegue planejar seus objetivos e guardar todo mês um valor, já estará à frente de muita gente, sendo de humanas ou de exatas.

Alguns dos temas do planejamento financeiro são: orçamento, sonhos, endividamento, tributação, crédito consciente, contexto familiar, risco, gestão de patrimônio, investimentos, longevidade, aposentadoria, previdência e sucessão familiar. Todos são temas muito abertos que se conectam com nossa rotina, por isso o planejamento financeiro e o de vida são praticamente sinônimos na minha interpretação.

Você já sabe, eu sou organizada por natureza, mas uma pessoa assim, no meio de uma família desorganizada, corre o sério risco de precisar abrir mão de suas economias para ajudar os demais em situações necessárias. Então, quero chamar sua atenção para a parte de contexto familiar, tão presente na vida de todo mundo, mas nem sempre considerado na hora de tomar decisões. Esse é um tema que eu trabalho muito nas consultorias, porque em algumas fases da vida precisamos de ajuda e em outras temos que ajudar alguém.

No entanto, você vai concordar comigo que existem casos de pessoas que sempre precisam de ajuda, seja por grandes problemas, seja por desorganização e falta de educação financeira. Aquele irmão que vive sem trabalho e, quando consegue algum emprego, tem dívidas antigas para pagar e gasta tudo sem se dar conta, ou o primo que mora de aluguel e vira e mexe precisa de ajuda da família para arcar com essa conta. Essa pessoa, inclusive, pode ser você. Aqui meu ponto não é julgar ou tachar comportamentos, mas encontrar formas de ajudar as pessoas.

Já ouvi muito a frase "eu ajudo de coração, nem pergunto o que vai ser feito com o dinheiro" e "eu ajudo meus pais, porque é minha obrigação, o que eles vão fazer com o dinheiro não é da minha conta". Você também já deve ter escutado ou dito algo assim. Pois bem, é difícil mesmo dialogar sobre dinheiro quando alguém nos pede ajuda, ou quando já está acostumado a transferências todo mês.

Porém, preciso salientar alguns pontos: primeiro, não é saudável

| DINHEIRO E SEU PROPÓSITO |

precisar sempre, então você está ajudando a remediar um problema, mas, ao não querer se envolver, acaba não ajudando a resolver a causa desse problema. Outro ponto é que, ao ajudar constantemente, você alimenta uma dependência financeira. E é importante entender se a pessoa precisa realmente, ou se já te considera uma fonte de renda, e por isso se compromete com empréstimos e compras que não poderia pagar sem contar com você.

Ainda tem mais: há casos em que o dinheiro é transferido mensalmente, como uma ajuda de custo, até mesmo sem a pessoa pedir. E, por mais que pareça generosidade, ao não perguntar se precisam ou para que precisam, talvez você esteja apenas "fazendo sua parte", pagando para se livrar de uma responsabilidade, pois o dinheiro pode ser insuficiente para a necessidade deles ou absolutamente desnecessário.

Como assim desnecessário, Mari?

Acredite ou não, há pessoas que transferem um tipo de mesada para alguns familiares, ficam com a própria conta negativa e nem imaginam que, enquanto isso, os beneficiados estão guardando o dinheiro, porque nem precisariam ter recebido. Nesse caso, o problema é que a pessoa que recebe pode achar que o dinheiro do outro está sobrando. Talvez nem passe pela cabeça dela que aquela transferência seja um sacrifício, já que também não há diálogo sobre a situação financeira de cada um. Veja que complicada a vida pode ser sem diálogo! A comunicação saudável é aquela em que os interesses e as necessidades são compartilhados, assim como as possibilidades.

É aqui que a gente usa de novo a Comunicação Não Violenta para entender o que se passa com o outro e estabelecer uma fala empática. E também para compreender melhor se nosso dinheiro está sendo usado da melhor forma.

Comentei em outro momento que talvez a pessoa que precisa de ajuda com certa frequência seja você. E olha, dependendo do contexto, a necessidade é absolutamente compreensível, mas seria melhor não gastar suas fichas pedindo ajuda em casos menos urgentes, para não banalizar sua necessidade aos olhos do outro e não cair na tentação de gastar contando com a ajuda de alguém.

Um exemplo é o caso do auxiliar administrativo Paulo, que a cada dois meses pede dinheiro emprestado à irmã para pagar o aluguel. Ao analisar sua situação financeira, percebi que Paulo gasta cerca de metade de seu orçamento com jogos *on-line*, acessórios para o carro, *delivery* e restaurantes. Então, o que você acha: Paulo está pedindo dinheiro para pagar o aluguel ou usando essa justificativa para manter seu padrão de vida?

Nem ele saberia responder. Esse é um exemplo fictício, mas eu conheço muitos casos reais semelhantes. Parte do planejamento financeiro é avaliar prioridades, necessidades e saber diferenciar os

DINHEIRO E SEU PROPÓSITO

desejos. É também se autoconhecer e estabelecer uma relação de confiança e diálogo aberto para conversar com as pessoas que fazem parte do seu contexto familiar.

Isso quer dizer que, sendo você quem ajuda ou quem costuma ser ajudado, é importante saber quem são as pessoas que podem precisar de você em algum momento e também com quem você pode contar. É sério, faça uma lista de quem são essas pessoas — seu planejamento pode mudar muito se você notar que tem uma herança para receber no futuro ou que aquela tia idosa só pode contar com você. Existe a forma certa de atuar em cada papel, como vimos aqui, mas, independentemente disso, é bom a gente lembrar que qualquer situação de dependência econômica é desconfortável e deve ser evitada, se possível. Digo isso porque cuidar do próprio planejamento financeiro já é difícil para muita gente — e ser o responsável pelo planejamento de outras pessoas pode ser ainda mais desgastante, então, no mínimo, você precisa se preparar.

No meu caso, durante muitos anos cuidei da minha família, pois havia uma dependência econômica bastante representativa. Até hoje, mesmo a demanda sendo menor, eu continuo mantendo uma reserva disponível, caso alguém necessite de algo. Então, creio que posso falar com bastante propriedade sobre isso. Dá para ajudar, porém suas finanças devem estar saudáveis para que não falte para você, nem para quem está contando com você. E você pode aceitar receber ajuda, mas é bom criar alternativas para que isso não vire um hábito.

Como eu já disse, planejamento financeiro não significa só lidar com números — há muitos temas relacionados, e não dá para falar de nenhum sem considerar que somos pessoas complexas, que temos desejos, ansiedades, objetivos, famílias, demandas, necessidades, medos... E tudo isso está presente o tempo todo.

Por isso, eu não poderia terminar este livro sem te deixar um bônus. Neste último capítulo, quero te contar como fazer tudo isso funcionar em harmonia, sem esquecer que, para a realização de muitos objetivos, precisamos conhecer alguns instrumentos financeiros, que podem facilitar e viabilizar planos, mas que também têm o potencial de desestabilizar qualquer um se forem mal utilizados.

Quem é o vilão?

Empréstimo, cartão de crédito,
cheque especial, golpe, qual seu palpite
sobre o maior vilão do mercado financeiro?

Vamos combinar que a economia poderia dar uma trégua para o pobre trabalhador ao menos conseguir comprar uma geladeira

| DINHEIRO E SEU PROPÓSITO |

sem ter que pagar o valor de duas no carnê com juros. As taxas são muito altas em um parcelamento, e, quando há atraso, parece que o objetivo é que realmente a pessoa não consiga quitar a dívida. Por isso, quero chamar sua atenção para o crédito consciente, pois, se formos esperar que a justiça seja feita e os juros de empréstimo, cheque especial e cartão de crédito baixem, teremos uma bola de neve de boletos vencidos. O jeito é usar direito e só quando for necessário.

Estou falando desses três produtos financeiros porque, em todos os casos, ao usar cada um deles, estamos pagando algo com um dinheiro que não é nosso! Fique atento a isso e não use o limite da conta e do cartão como se fosse um dinheiro seu. Nem peça empréstimos sem consultar taxas, prazos, nem ter certeza se o valor será suficiente. Existem muitas linhas de crédito que podem ajudar nessas horas, com taxas diferentes, inclusive na mesma instituição financeira.

Então, sua parte aqui é pesquisar a melhor opção, mas não sem antes ter avaliado bem seu orçamento e ter feito já algumas reduções possíveis, pois no mês seguinte você terá uma parcela nova, além de tudo que você já vinha pagando — então, máxima cautela aqui!

Já com os golpes é mais difícil se prevenir, pois a cada dia que passa os criminosos parecem mais espertos e até quem trabalha em banco cai em algumas situações, como a do golpista que se passa por funcionário do banco e pede informações sigilosas; a do *motoboy* que vai até a casa da pessoa retirar o cartão de crédito e as senhas. Também temos o golpe do falso sequestro, em que ligam para a casa da pessoa pedindo resgate; aquele em que clonam o WhatsApp, se passam por amigos e pedem que as pessoas façam transferência de valores e recarga de celular. Já vi ladrões que se passam por vendedores ambulantes e te observam digitando a senha para trocar seu cartão por outro; pessoas que compram um veículo *on-line*, pagam o valor combinado, mas nunca recebem o automóvel; outras que vendem algum bem, o entregam ao comprador e só depois vão ver que receberam um depósito com envelope vazio na conta.

Há golpes demais na praça! Meu pai, com três filhos bancários, já sofreu dois golpes: o primeiro foi esse do sequestro falso, em que ele acreditou que estavam com meu irmão e se desesperou. O segundo aconteceu dentro do banco, onde ele aceitou ajuda de um estranho, que o viu digitando a senha, trocou o cartão e limpou a rescisão da conta dele.

A única forma de se proteger de golpes é tendo muita atenção. Precisamos ficar ligados, saber que eles existem e compartilhar sobre isso com nossos familiares e amigos. Quanto mais pessoas souberem dos tipos de golpe que existem por aí, melhor será para todos.

| DINHEIRO E SEU PROPÓSITO |

Autonomia financeira

Quando nos tornamos adultos, realmente se abre um novo mundo para nós: precisamos trabalhar, enquanto ainda é importante continuar estudando; abrir conta em banco e entender seu funcionamento; assumir alguns boletos, mesmo sem saber como administrar as finanças; e há quem até já comece a declarar imposto de renda. Quem disse que seria fácil, não é?

Estando você nesse momento de vida, ou tendo a responsabilidade de passar esse conhecimento para a próxima geração, vamos começar pelo básico: **conta bancária**.

Para abrir uma conta bancária é fácil: basta apresentar documentos de identificação com foto e declarar endereço de correspondência e renda, se houver. É possível fazer isso pela internet ou presencialmente, no caso dos bancos físicos. Existem diversos tipos de conta, porém as mais comuns são as contas de movimentação, chamadas de conta-corrente, e as de economias, as contas-poupança. Elas têm características diferentes, mas ambas podem ser gratuitas, a depender do uso que você fizer. Na conta poupança não há valor mínimo para abertura nem tarifa mensal, pois ela já tem serviços essenciais gratuitos embutidos: **dois saques, duas transferências e a retirada de dois extratos na máquina de autoatendimento por mês**.

Já para consulta de saldo e transferência *on-line* não há limite máximo, e a cobrança avulsa só acontece quando se ultrapassam os serviços essenciais no caixa eletrônico. Para a conta-corrente o sistema é basicamente o mesmo, mas muda a quantidade de operações de saque, que passa para quatro e a pessoa já pode usar dez folhas de cheque por mês. No mais, segue as mesmas regras da conta-poupança. Esses são os serviços essenciais, garantidos pelo Banco Central para clientes de todos os bancos.

Talvez você esteja se perguntando: por que, então, tanta gente paga uma tarifa mensal? Acertei? É que, além dos serviços essenciais, existem as cestas de serviços, que disponibilizam uma quantidade maior e mais variada de operações — quanto maior a tarifa mensal, mais serviços incluídos. Ela é interessante para pessoas que usam muito a conta, principalmente fazendo diversas operações nas máquinas de autoatendimento, pois, não tendo uma cesta de serviços, ao ultrapassar a quantidade máxima mensal dos serviços essenciais, é cobrada uma tarifa avulsa, que costuma não compensar.

Em resumo, é possível ter conta gratuita em qualquer banco; basta pedir os serviços essenciais e se policiar para não exceder a quantidade mensal. Percebeu que está pagando muitas tarifas avulsas? Então é melhor contratar uma cesta de serviços. Percebeu que tem uma cobrança de cesta que você não autorizou e não está sendo útil? Entre em contato com sua agência ou a central de atendimento SAC para confirmar do que se trata e pedir o cancelamento, se assim preferir.

| DINHEIRO E SEU PROPÓSITO |

Produtos financeiros

Nem só de movimentações básicas se faz um banco: nele é possível investir, usar cartão de débito e crédito, tomar empréstimos e financiar inúmeros bens móveis e imóveis. Também podem ser feitas operações de câmbio de moeda, é possível receber através das maquininhas, participar de leilões, adquirir seguros, entre vários outros produtos e serviços. Se bem aproveitado, há muitos benefícios.

Porém, muita gente tem medo do banco e alguns dos maiores problemas estão na incorreta comercialização e apresentação das características desses produtos e na falta de educação financeira ao usá-los. Ou seja, um seguro de vida é muito importante, mas, se você o adquirir pensando que comprou uma previdência privada, vai ficar descontente com o produto e com o banco. E aqui entram tanto a falta de transparência na comercialização, quanto a falta de educação financeira ao não ler os documentos e conhecer características básicas que os diferenciam.

Isso também acontece com o cartão de crédito: se a pessoa não sabe quais são as taxas, em caso de pagamento em atraso, e acaba gastando mais do que pode pagar, é responsabilidade do banco que não orientou como deveria e da pessoa que não pesquisou, nem controlou os gastos. Por isso, eu repito, se bem aproveitado, há muitos benefícios. Mas como não dá para mudar o sistema bancário com um livro apenas, ao menos quero que você aprenda

183

a fazer sua parte para perder o medo e não se sentir vítima desse tipo de situação.

Eu trabalhei por muitos anos atendendo clientes, tirando dúvidas como essas, lidando com reclamações e depois desenvolvendo estratégias de educação financeira, inclusive para funcionários do banco, que, assim como a maioria das pessoas, não tiveram educação financeira na infância. E posso dizer com bastante segurança que o problema é estrutural, excede seu orçamento familiar, excede os muros dos grandes bancos.

O problema está na falta de iniciativa e investimentos dos governos do país, que cortam ano após ano a verba da educação e só recentemente, em 2020, instituiu que deveriam falar sobre finanças pessoais nas escolas. Estamos demorando muito para aprender, e as consequências dessa demora são visíveis quando analisamos a quantidade de gente com nome negativado e a bola de neve dos cartões de crédito e limites de conta. Então, saber usar esses recursos a seu favor é extremamente importante nesse contexto, em que não dá para esperar que o outro saiba ou perceba que você não sabe e te explique. Precisamos fazer por nós mesmos.

| DINHEIRO E SEU PROPÓSITO |

Como escolher os produtos

Agora que entendemos que precisamos assumir o protagonismo das nossas decisões financeiras, vamos partir para a prática!

Em um planejamento bem-feito, consideramos a necessidade de poupar para investir, então bancos e corretoras devem ser nossos aliados no processo de fazer o dinheiro crescer. Para a reserva de emergência, que eu também chamo de reserva de liberdade ou oportunidade, você vai precisar de um investimento que tenha liquidez diária — em outras palavras, que fique disponível a qualquer momento, e que também seja seguro. Então, busque opções com cobertura do Fundo Garantidor de Crédito (FGC). E considere uma rentabilidade conservadora — algo em torno de 100% do CDI já cobre o necessário para manter o poder de compra da sua reserva. Praticamente em todo banco e corretora é possível encontrar investimentos com essas características, e a aplicação pode ser tão simples como na poupança, por isso não deixe de investir por falta de conhecimento. Leia, pesquise e questione.

Após a constituição da primeira reserva, é necessário continuar investindo durante toda a vida, e aí entram produtos de renda fixa e variável. Antes de escolher o produto, no entanto, é necessário responder à Análise de Perfil do Investidor (API), que mede seu apetite para o risco e o quanto suporta as oscilações do mercado. Essa análise está disponível em todo banco e corretora, e a classificação geral é:

| TOSTÃO FURADO POR MARI FERREIRA |

A **CONSERVADOR** – quem opta pela segurança e tem aversão a risco, prefere ter pouca rentabilidade a arriscar ver uma fatia de seu dinheiro desvalorizado.

B **MODERADO** – tem boa parte das características do conservador, porém sua curiosidade lhe permite variar e ter um pouco mais de flexibilidade ao inserir investimentos de médio risco na carteira, mesmo que em pequena proporção

C **DINÂMICO** – busca muita diversificação, entende a necessidade de ter boas reservas em segurança, mas aguenta as oscilações do mercado por acreditar que pode ter mais ganhos ao investir em produtos de maior risco e em proporções maiores também.

D **ARROJADO** – está em constante busca por maiores rendimentos, mesmo que seja arriscando boa parte de seu patrimônio; costuma investir em segmentos diversos e suporta bem a oscilação do mercado.

DINHEIRO E SEU PROPÓSITO

Você se viu em qual desses perfis? Antes de investir, responda a esse questionário em seu banco e corretora para garantir que esteja fazendo a distribuição correta para seu perfil e planos futuros.

Falando em futuro, para cuidar dele, o produto financeiro mais conhecido é a **previdência privada**. Que é ótimo mesmo para muitos casos, mas seria bom saber escolher a melhor opção para o seu caso, não é? Então, vamos aos detalhes importantes:

- **Por que você quer ter uma previdência?**
- **Quanto pode investir por mês, seguramente?**
- **Por quanto tempo você fará aportes na sua previdência?**
- **Quando pretende resgatar?**
- **Quer pegar o valor todo de uma vez, ou ir retirando mês a mês uma parte?**
- **Já contribui para o INSS?**
- **Essa previdência é para você ou seu filho?**

Perguntas feitas, hora de explicar por que tudo isso é importante. Partiremos sempre do autoconhecimento para tomar decisões, e, considerando um produto financeiro de longo prazo, há algo mais essencial do que saber por que a gente precisa dele e qual a expectativa de retorno? Não há, não! Então, lembre-se do objetivo inicial. Se era sua aposentadoria, você deve aceitar que esse dinheiro não pode ser mexido até lá.

Também é preciso lembrar que o valor só formará um montante

alto se você investir durante muitos anos e uma quantia equivalente às suas expectativas, ou seja, R$ 10,00 por mês em cinco anos não se transformarão em um milhão. O valor mensal pago precisa caber no seu orçamento com folga, e você precisa já ter começado uma reserva com liquidez antes da previdência, para que não corra o risco de precisar de um dinheiro e só ter o plano de previdência como opção.

Digo isso pois, ao resgatar antes do prazo, pode haver perda de rendimentos por oscilações do mercado, dependendo do perfil do investimento, cobrança elevada de impostos e uma quebra de expectativas. Também pergunto se você faz a declaração do imposto de renda pelo modelo completo ou simplificado, porque as previdências PGBL podem ajudar a abater o cálculo do imposto devido em até 12% ou aumentar a restituição de quem entrega pelo modelo completo, no entanto, ao resgatar, se paga imposto sobre o valor total resgatado. Mas um ponto que pouca gente comenta é que você só consegue essa dedução de 12% do imposto de renda pelo PGBL caso esteja contribuindo para o INSS.

Sobre o prazo, é extremamente importante saber por quanto tempo queremos ter a previdência, para escolher qual tipo de imposto vamos querer pagar. Há duas opções: a tabela progressiva e a regressiva.

A progressiva cobra o percentual de 15% de imposto, no momento do resgate, sobre o total investido mais rendimentos, se for PGBL, ou 15% apenas sobre os rendimentos, se for VGBL, independentemente do período de contribuição. No entanto, dependendo

DINHEIRO E SEU PROPÓSITO

de sua renda anual tributável (de salário, aluguel, pensão etc.), você pode precisar pagar mais impostos sobre esse resgate quando for declarar o imposto de renda, pois o valor resgatado é somado com tudo que você recebeu no ano, e isso pode elevar o percentual do imposto de renda cobrado.

Do contrário, se você acredita que terá uma renda tributável mais baixa no momento do resgate, provavelmente não precisará pagar mais impostos, podendo ainda ser restituído, mas seria interessante simular o percentual de imposto devido, de acordo com sua renda, antes de pedir o resgate.

A regressiva tem o percentual variável, começando em 35% dos rendimentos, quando se resgata em até dois anos, e reduzindo 5% a cada dois anos, até chegar a 10% para quem passar de dez anos. Ou seja, é indicada para prazos longos, para quem realmente pretende ficar com esse investimento por dez anos ou mais. Nesse caso, o percentual não tem a chance de aumentar na hora de declarar o imposto de renda, então, se você resgatou após sete anos e pagou 20% de imposto, não precisa pagar mais nada.

Viu quantas particularidades devem ser consideradas? Na hora de contratar a sua previdência, você precisa se perguntar sobre o que é essencial para si mesmo e estudar as opções.

Outro ponto é a rentabilidade e exposição ao risco. Você sabia que previdência pode ter sua remuneração bem variável? Isso porque você coloca os seus tostões nessa caixa e os gestores aplicam em outros instrumentos financeiros para fazer seu dinheiro render.

Assim como a economia tem seus momentos de altas e baixas, sua previdência pode ter também. Isso é normal, faz parte, e, por se tratar de um investimento de longo prazo, a ideia é que essas perdas sejam pequenas, comparadas ao recebimento.

Nos planos de previdência há uma grande vantagem: é possível cadastrar beneficiários para receberem o valor investido, caso você venha a faltar, sem necessidade de esperar pelo inventário. Quando uma pessoa que possui bens ou recursos financeiros falece, é preciso entrar com o processo de inventário, que serve para fazer um levantamento de tudo que ela tinha e proceder com a partilha dos bens. Esse inventário pode ser judicial, quando há testamento, menores de idade, incapazes ou discordância entre os herdeiros, ou extrajudicial, que é mais simples, feito diretamente em cartório, se nenhuma dessas situações se apresentar.

Muita gente deixa de fazer o inventário por ser caro ou por não compreender sua necessidade, porém há prazo para que seja feito com custo menor, que é de 60 dias após o falecimento; passado esse prazo, o valor vai aumentando. Sei que é um momento superdelicado para pensar nesse tipo de burocracia, mas é melhor fazer o quanto antes, pois, com o falecimento de outros membros da família, a situação se complica ainda mais, já que, para fazer um, é preciso que os demais sejam feitos também.

Para que você entenda a importância disso, um imóvel recebido em herança, por exemplo, não pode ser vendido sem um inventário, assim como valores em conta e investimentos ficam bloqueados.

| DINHEIRO E SEU PROPÓSITO |

É por isso que eu digo que a previdência tem essa vantagem, de ficar disponível, mesmo sem um inventário.

Lembra que eu comentei anteriormente que a **sucessão familiar** faz parte do planejamento financeiro? Muita gente opta por investir em previdência para que familiares tenham acesso mais fácil à herança, então é interessante conhecer essa opção. Já a previdência privada para os filhos com objetivo de aposentadoria eu não aconselho, pois existem opções melhores de investimentos para custear os estudos deles, por exemplo. E tenho a opinião de que precisamos investir para nós mesmos, porque eles terão a vida toda para constituir as próprias reservas de aposentadoria — e nós só temos o agora.

A sucessão familiar é pouquíssimo discutida, mas, se uma pessoa tem bens imóveis e investimentos, ela deveria pensar sobre o que deseja fazer com eles, inclusive depois de sua partida. Pouco após o falecimento de minha mãe, tivemos que fazer o inventário; a nossa casa estava no nome dela e do meu pai, então, com o apoio de advogadas, optamos por fazer o inventário já com a doação. Meu pai passou a parte dele da casa para os filhos, ficando com usufruto total enquanto estiver entre nós. Ou seja, ele tem direito a moradia ou renda, caso o imóvel seja alugado, mas para vender todos nós devemos estar de acordo. Quanto aos custos, ficou cerca de 20% mais caro agora, no entanto, por não precisar fazer isso de novo lá na frente, economizamos cerca de R$ 10.000,00, entre documentações e honorários advocatícios, além de evitar um desgaste emocional futuro. Mas claro que passar seu patrimônio para os herdeiros em vida só é indicado quando se tem absoluta certeza de que não vai precisar vender o bem para usar o valor, nem que isso vai causar problemas familiares. Para além da questão financeira, há muito a se pensar quando o assunto é transmissão de patrimônio.

Para a sucessão, também indico muito fortemente o seguro de vida. Na verdade, o seguro deveria ser obrigatório, todos deveriam ter, porque ajuda demais, a quem fica. Se as pessoas soubessem disso, todos seriam beneficiários, ou seja, você receberia indenização ao perder alguém e deixaria uma indenização para os seus herdeiros também. Como eu havia dito antes, dinheiro não compensa a falta que o ente querido faz, mas ajuda a resolver um monte de problemas e a amenizar possíveis perdas.

O INSS é um modelo de seguro misturado com previdência; é o tipo de investimento que se faz de forma compulsória. Muita gente acha ruim, mas creio que seja pela falta de conhecimento. O seguro social ampara os cidadãos em diversos casos, liberando auxílios de licença-maternidade, de doença, de acidente, de reclusão, de invalidez, de pensão e de aposentadoria. As pessoas se apegam mais à parte da aposentadoria e esquecem ou não sabem que podem usufruir em vida. Precisamos atentar mais a isso.

Chegou a hora de focar no tema **seguro de vida**, para te convencer a não começar o próximo livro sem ter contratado o seu. Você não vai querer deixar as pessoas que você ama sem a mínima segurança financeira, vai? Se você tem pessoas que dependem

| DINHEIRO E SEU PROPÓSITO |

hoje de alguma ajuda sua ou podem precisar dela, faça um seguro, as coloque como suas beneficiárias. Com o valor do pagamento da indenização elas podem se reerguer, pagar dívidas, pagar inventário para acessar bens, podem se manter, estudar, comer.

É realmente essencial e, assim como o seguro social, tem diversas coberturas em vida, como auxílio internação e invalidez por acidente. Alguns têm até auxílio funeral estendido à família. O valor do prêmio, que é a parcela do seguro que você paga, é muito baixo em relação ao benefício; há seguros bem básicos a partir de R$ 9,00, então é um produto relativamente acessível.

Há melhores e mais personalizados que, se você puder ter, será ótimo, pois neles é feito um cálculo de quanto deveria ser o capital segurado de acordo com seu contexto de vida, entre outras particularidades, mas são mais caros. Por isso, se você tiver pelo menos um seguro simples, já ajudará a quem ficar, no caso de você partir antes. Mas, se seu objetivo for deixar um valor para que a família se sustente, vai precisar entender quanto vocês gastam em um ano e multiplicar esse valor pelo tempo que você acredita que ainda precisariam de dinheiro. Se a sua renda é a única da família, e vocês gastam R$ 40 mil por ano e, até seu filho crescer e poder se manter, vai levar dez anos, talvez um capital segurado de R$ 400 mil mais a correção monetária seja uma boa.

É preciso cuidar do futuro sem se esquecer do presente

Você costuma ouvir essa frase invertida (cuidar do presente, não se esquecendo do futuro), e meu ponto aqui é exatamente inverter a lógica dos fatores. Por mais que o momento presente seja muito mais concreto, o futuro está logo ali, no segundo seguinte. E o bem mais valioso que cada um possui é o tempo, então tornar a vida mais saudável, longa e próspera deveria ser o objetivo de todos. No entanto, a vontade de aproveitar a vida ao máximo faz com que ações equivocadas sejam tomadas em nosso momento presente, comprometendo o objetivo maior.

Quer um exemplo? Todos querem ter saúde plena e corpos funcionais, porém a maioria come mal e não se exercita. O plano é também viver muitos anos, mas as pessoas se colocam em risco ao beber e dirigir e praticar atividades de aventura. A prosperidade financeira é um sonho, e, para **não realizá-lo**, gastam como se não houvesse amanhã. Enquanto estiver jogando contra si mesmo, seus objetivos não serão alcançados, em nenhuma esfera, seja física, mental, financeira ou espiritual. Comprometimento é a palavra e deve ser levado a sério, como em um relacionamento, só que nessa relação é você com você mesmo.

A parte financeira está mais em meu campo de domínio, então quero te lembrar da importância de investir para você mesmo no futuro. E quando falo em futuro não quero dizer apenas daqui a 30 anos. Quando vamos investir, temos que decidir por quanto tempo o dinheiro poderá ficar aplicado. Não existe o "investimento certo", qualquer um pode ser bom, dependendo do objetivo e do prazo. Sempre que falo sobre prazo durante minhas palestras, pergunto o que as pessoas entendem por "curto prazo", e as respostas variam muito — é geralmente um momento de descontração, em que um ri do outro. A variação é de um mês a dois anos, pois cada um entende o termo **curto prazo** de acordo com sua realidade financeira, contexto de vida e ansiedade de consumo.

Mas é bom sabermos que, pelo contexto dos investimentos, opções de curto prazo são aquelas em que você investe uns tostões por mais ou menos dois anos; médio prazo é até uns dez anos; e longo prazo é ainda mais pra frente. Ou seja, se você gostaria de viajar daqui a quatro anos, deveria buscar opções de investimentos de médio prazo. Se a ideia é se preparar para a aposentadoria, então seria bom investir em longo prazo. Se precisar ter dinheiro à disposição para emergências, então deve investir de forma que ele fique livre, sem prazo predeterminado, sem vencimento nem bloqueios. Existe uma infinidade de opções, mas, se você já fez a API que eu indiquei há pouco, e já sabe quais são seus objetivos com prazo e valor, escolher o produto não será difícil. Pelo banco ou corretora, com gerente, assessor ou sozinho, busque pelo prazo, nível de risco, aplicação mínima e rendimento.

Vamos de exemplo: Letícia quer trocar sua moto por uma mais nova e no momento tem R$ 200,00 para começar a investir.

Respondeu ao API e soube que seu perfil de risco é conservador. Se fosse comprar hoje, precisaria de R$ 4 mil. Mas ela pode esperar dois anos para realizar essa troca, então decide investir R$ 200,00 por mês, durante 24 meses, considerando a possibilidade de acontecer um imprevisto em algum mês, que a impeça de investir, e também a desvalorização de sua moto atual e a valorização da outra zero-quilômetro.

Letícia tem objetivo, prazo e preço definidos, já sabe seu perfil e quanto consegue aplicar por mês, e agora precisa escolher o produto. Ela deve começar observando quais são as opções de curto prazo para um perfil conservador; na sequência, deve identificar opções com liquidez ou vencimento em 24 meses; dentre as selecionadas, ela deve verificar quais opções permitem a aplicação de R$ 200,00 e, entre elas, Letícia escolherá a que tem o maior retorno de rendimento.

Você pode seguir esse exemplo, inclusive eu sugiro que você já o anote e o modifique com seus objetivos, perfil, valores e prazos, assim também encontrará boas opções.

Talvez investindo por dois anos, como Letícia, você perceba que não ganhou muito com os juros e dê uma vontade de trocar o investimento por outro que você viu que rende mais. É normal sentir isso, mas suprima essa vontade e mantenha seu dinheiro onde está, porque investimentos de curto prazo rendem pouco mesmo, principalmente quando não há risco envolvido, que é o caso desse exemplo.

DINHEIRO E SEU PROPÓSITO

É preciso controlar a ganância nessas horas, porque, é claro que existem milhares de opções que rendem mais, porém, muito provavelmente, o prazo, o nível de risco e a liquidez não estarão de acordo com o seu objetivo. Imagine sonhar com a troca da moto em dois anos, aplicar tudo em criptomoeda para tentar ganhar mais e apenas ver seu valor cair dia após dia. Essa é uma cena que nem queremos imaginar. Então não cometa esse erro! Invista seguindo seu perfil e objetivos, que será muito melhor para você.

Porém, se você tiver um tempo mais flexível, médio e longo prazo, já dá para arriscar um pouco mais, se seu perfil aguentar, pois terá tempo de se recuperar, caso tenha alguma perda.

Meu investimento favorito para curto e médio prazo é o CDB, que é um investimento de renda fixa. Alguns têm liquidez diária, que é ótimo para as primeiras reservas, outros têm prazos variados, que podem casar muito bem com o tempo que você deseja manter seus tostões aplicados. Pensando também em médio e longo prazo, gosto muito dos fundos de investimento, pois é possível escolhê-los pelo grau de risco (baixo, médio e alto), por liquidez (em quanto tempo o valor estará disponível após resgate) e olhar como foi o desempenho desse produto no passado. Embora recebimentos passados não sejam uma garantia de recebimentos futuros, eles nos dão uma ideia sobre a gestão dos administradores. Além de serem produtos administrados por pessoas especializadas que investem por nós, em diversos mercados, a que talvez nem tivéssemos acesso ou tempo para gerenciar.

Buscar mais informações para aprender sobre investimentos, contratar um consultor, assistir a *lives* e palestras sobre Educação Financeira é cuidar do futuro, considerando o presente. É preocupar-se consigo e com as pessoas que você ama.

Eu acredito que não há investimento melhor e maior do que a educação e espero que ao longo destas páginas eu tenha te convencido disso. Sigamos juntos rumo à liberdade financeira!

felicidade
investimento
segurança
paz
amor
família
tranquilidade
vida
aposentadoria
banco
planejamento
viagem
método
organização
dinheiro
bolsa
futuro
seguro
amizade
moeda

CONCLUSÃO

Escrever este livro foi o maior desafio vencido até aqui e me sinto realizada ao me ver em cada uma destas páginas. Houve momentos em que peguei fotos antigas e senti aquela nostalgia, fiz ligações para familiares para confirmar datas e acontecimentos, revirei extratos e planilhas antigas, quando a memória falhava. Como dizem, relembrar é viver e revivi passagens importantíssimas da minha vida e outras que jamais imaginei que comporiam o livro. São as tais surpresas da vida que dão a ela um tempero especial.

Percebi que contar um pouco sobre minha vida financeira, abrir o jogo quanto aos meus pontos de vulnerabilidade e transmitir conhecimento me fez aprender mais. Foram meses de muitas pesquisas, feitas e interpretadas para facilitar seu aprendizado, que me ensinaram muito também.

Enquanto o livro nascia, minha vida acontecia, e eu, que já me achava forte, tenho falado sobre finanças, empreendedorismo e luto, servindo de inspiração para que outras pessoas passem por fases difíceis e saiam delas mais fortes. Por alguma razão, que ainda desconheço, tenho certeza de que essa é minha missão por aqui.

Meus próximos passos são seguir empreendendo, chamando mais atenção ao meu tema favorito, produzindo conteúdo na internet, atendendo meus clientes, dando palestras e montando lindos projetos sobre Educação Financeira para empresas que acreditam nisso. Na vida pessoal, a ideia é curtir a família, os amigos e o amor, viajar sempre que puder, valorizar os momentos e cada tostão furado!

Quero que você conclua esta leitura com a certeza de que pode melhorar sua situação de vida, independentemente de qual seja, através de um método verdadeiro e simples, com metas possíveis de serem alcançadas. Você deve ter percebido que não estou falando em riqueza imediata, não te prometo o primeiro milhão sem esforço, mas te garanto a autonomia na tomada de decisões mais conscientes, seguras, com os pés no chão. É essa a transformação da educação financeira em nossa vida!

A partir de agora, você já sabe montar uma estratégia para atingir seus objetivos, consegue otimizar um orçamento, entendeu que precisa de seguro e reserva para garantir que os planos darão certo. Você sabe que considerar a emoção, o desejo e as necessidades é importante e que equilibrar esses pratos fará toda a diferença para seus planos de curto, médio e longo prazo. Inclusive espero que tenha aproveitado as páginas de exercícios para anotar as ideias e metas, que são o seu planejamento financeiro nascendo. Se não fez isso, ainda há tempo!

| CONCLUSÃO |

No meu caso, precisei de 20 anos para conseguir migrar da classe D para a classe C e estou trabalhando muito e ainda dizendo muitos "nãos" para dar o próximo passo. Eu continuo sonhando e realizando sonhos, mas não todos de uma vez. Ter as prioridades em mente e manter o plano em ação ainda é o caminho que escolhi. E tenho tanta certeza de que tomei a melhor decisão que quero te pegar pela mão para seguirmos juntos.

Por ora, fico na ansiedade de um dia poder conhecer sua história e saber que você escolheu mudar hábitos e atitudes para virar o jogo e melhorar sua qualidade de vida, a autoconfiança, a comunicação em família, o propósito no trabalho e, claro, as finanças. Então, não deixe de me seguir no Instagram para nos conectarmos: @tostao_furado.

O caminho da prosperidade, às vezes, é como aquela estradinha de terra que te leva à praia mais linda e afastada da cidade. Você pode escolher o caminho mais fácil, mas nem sempre chegará ao melhor destino. A escolha é sua, e você já sabe qual é meu conselho!

Muito obrigada pela companhia nesta viagem de autoconhecimento financeiro, educação e tomada de decisão. Nosso próximo ponto de parada é a liberdade financeira, você vem comigo?

felicidade

investimento

paz

segurança

família

amor

tranquilidade

vida

aposentadoria

banco

planejamento

organização

viagem

método

dinheiro

bolsa

futuro

seguro

amizade

moeda

AGRADECIMENTO

Foram meses de dedicação para escrever este projeto e muitos outros de preparação e estratégia. Antes disso, anos de aprendizado e experiência, mas nada seria possível sem as personagens principais da minha vida.

Aos meus pais, aos meus irmãos, ao meu namorado e aos meus amigos, obrigada por estarem sempre ao meu lado e vibrarem com cada conquista. O incentivo e o acolhimento, também nos momentos difíceis e de incertezas, foram essenciais para a construção do meu caráter e da minha carreira.

Meus clientes e seguidores, vocês são minha realização! Toda a mudança dos últimos anos ocorreu por causa de cada um de vocês. Obrigada por estarem comigo.

Aos convidados e colaboradores da VR Editora, minha gratidão pelo reconhecimento, pela parceria e pelo empenho de cada um. O incentivo à leitura transforma vidas.

SUA OPINIÃO É MUITO IMPORTANTE
Mande um e-mail para **opiniao@vreditoras.com.br**
com o título deste livro no campo "Assunto".

1ª edição, set. 2021

FONTE Basic Sans Black 16/19,5pt;
       Linux Libertine Regular 12/19,5pt
PAPEL Book Fin 60g/m^2
IMPRESSÃO Geográfica
LOTE GEO112876